Dr. Albert Remien
Sieht das Pferd
so wie der Mensch?
ISBN 3-925354-06-9

Dr. Albert Remien

Sieht das Pferd so wie der Mensch?

Vergleich zwischen dem Sehvermögen
des Menschen und dem des Pferdes
aus der Sicht
des Reiters und des Tierarztes

dbw-Verlags-GmbH ISBN 3-925354-06-9

Ich danke recht herzlich für die Mitarbeit an dieser Arbeit Herrn Prof. Dr. Dr. h. c. H. v. d. Decken, Gut Laack, 2163 Freiburg/Elbe, und meinen Kollegen Herrn Dr. A. Stapelfeld und Herrn Dr. de Boer, 2163 Freiburg/Elbe.

Die zur Erstellung dieser Ausführungen benutzte Fachliteratur ist am Ende der Broschüre aufgeführt.

© 1989 dbw Verlagsgesellschaft m.b.H.
Freiburg/Elbe

Alle Rechte vorbehalten.

Ohne schriftliche Genehmigung des Verlags und der Autoren
ist es nicht gestattet, dieses Buch oder Teile daraus
in irgendeiner Form zu vervielfältigen oder unter
Verwendung elektronischer bzw. mechanischer Systeme
zu speichern, auszuwerten und zu verbreiten.

1. Auflage 3000 Exemplare
Umschlaggestaltung u. Titelfoto: Günter G. A. Marklein
Zeichnungen: Mete Canitez, Günter G. A. Marklein
Buchgestaltung: Günter G. A. Marklein

Vorwort

In den nachfolgenden Ausführungen berichte ich über die Unterschiede, die zwischen dem „Sehen" des Menschen und dem „Sehen" des Pferdes bestehen, und beginne mit der Beschreibung der Augen, die uns als wichtigstes Sinnesorgan 80 % unserer Informationen aus der Umwelt vermitteln. Augen hat das Pferd genau so wie der Mensch, und dennoch sieht es anders als wir. Es müssen also gewisse, nicht gleich erkennbare Unterschiede der Augen bei Mensch und Pferd bestehen. Deshalb wird in dieser Arbeit auf die Besonderheiten hingewiesen, die auf dem Gebiet der Anatomie und Physiologie (Bau und Funktion) zwischen den Augen des Menschen und des Pferdes bestehen. Der komplizierte Vorgang des Sehens wird in allen Einzelheiten bei Mensch und Pferd gesondert dargestellt. Dabei folgen wir den Lichtstrahlen von der Hornhaut bis zur Netzhaut (Retina) im Auge, in der das Licht in elektrischen Mikro-Strom umgewandelt wird. Von hier gelangt die Information über die Sehnerven zur Sehrinde ins Gehirn. Erst hier findet das bewußte Sehen statt.

Sehen muß erlernt werden, Sehen ist Erfahrungssache und wird durch tägliches Training in der Leistung verbessert.

Jeder Tierarzt, oft als Sachverständiger in Pferdefragen eingesetzt, jeder Reiter und Pferdefreund, weiß schon viel über das Verhalten, über die Eigenschaften und die Funktion des Gesichtssinnes der Pferde. Nach der Lektüre dieser Ausführungen sollen die Kenntnisse über die Leistungen des Pferdes noch größer werden und den Leser zum Nachdenken über offene Probleme anregen.

Die im Text eingefügten Zeichnungen und Bilder erläutern den Inhalt der Ausführungen besonders. Sie sollten bei der Lektüre **eingehend** studiert werden, denn sie dienen dem Verständnis aller Sehvorgänge. Es werden auch solche Reaktionen bildlich dargestellt, die bisher in der Literatur nicht ausreichend erläutert worden sind.

Damit möchte ich dazu beitragen, daß in Zukunft Reiter und Pferd besonders bei dem Geländeritt und der Military vor schweren Unglücksfällen mit ernsten Folgen bewahrt bleiben.

2163 Freiburg/Elbe 1989

Gliederung

Verhalten des Pferdes

I. Teil: **Bau und Funktion des Auges bei Mensch und Pferd**

Unterschiedliche Stellung der Augen am Kopf des Menschen und am Kopf des Pferdes

Optik, Strahlenverlauf des Lichtes von der Hornhaut bis zur Netzhaut

Akkommodation, Veränderung der Linsenform, Maßeinheit der Linsenbrechung, Brennpunkt, Hell- und Dunkelsehen, scharfes Sehen nur beim Menschen, gutes Nachtsehen beim Pferd

Adaption, Angleichung des Auges an die Lichtstärke bei Tag oder Nacht

Pupille und Glaskörper, Regulierung des Lichteinfalls in das Auge durch Veränderung der Pupille.

Funktion des Glaskörpers und der Traubenkörner

Licht und Farbensehen, unterschiedlich bei Mensch und Pferd

Netzhaut mit Pigmentschicht im Augenhintergrund

Zapfen und Stäbchen

Synapsen und ihre Tätigkeit

II. Teil: **Die Sehnerven vom Auge bis zum Sehzentrum im Gehirn**

Verlauf des linken und rechten Sehnerven (Nervus-Opticus) bis zur Sehnervenkreuzung (Chiasma-Opticum)

Teilweise Kreuzung im Chiasma-Opticum

Bilder Nr. 19, 20, 21

Nach der Kreuzung als Tractus-opticus über seitl. Kniehöcker zur Sehrinde im Großhirn

Vergleich der Retina zwischen Mensch und Pferd

Sehprüfung bei Mensch und Pferd

Durch Haustierhaltung Änderung der Lebensweise beim Pferd

Gesichtsfeld beim Pferd und beim Menschen

Scheuklappen beim Pferd

Begrenzung des vorderen Gesichtsfeldes beim Pferd durch Augenuntersuchung möglich

III. Teil: Einfluß der Umwelt auf die Entwicklung der Sinnesorgane vom Fohlen bis zum erwachsenen Pferd

Verhalten des Pferdes im Sprunggarten unter Einwirkung des Reiters (Dressur, Reitjagden, Geländeritt, Military)

Verhalten des Pferdes unter dem Reiter bei allen Gangarten

IV. Teil: Mitwirkung des Sehzentrums und des Großhirns bei jeder Handlung des Menschen und des Pferdes

Schlußfolgerung

Vergleich zwischen dem Sehvermögen des Menschen und dem des Pferdes aus der Sicht des Reiters und des Tierarztes

I. Teil: Verhalten des Pferdes — Bau und Funktion des Auges

Zur Prüfung des in der Überschrift angesprochenen Problems veranlassen uns gewisse Beobachtungen, die wir als Zuschauer bei Reitturnieren schon oft gemacht haben. Dabei kommt es immer wieder vor, daß die Pferde in einigen Fällen vor den Hindernissen ein sehr unsicheres Verhalten zeigen, daß sie einfach gegen die aufgelegten Stangen des Hindernisses springen, diese abreißen und so tun, als ob sie das Hindernis gar nicht gesehen hätten. Ein ähnliches Verhalten sieht man beispielsweise besonders bei den 2- bis 3jährigen Pferden, die auf großen Weideflächen gern galoppieren und im vollen Galopp mit gestreckter Hals-Kopf-Haltung direkt auf das Weideheck zustürmen. Sie nehmen aus ihrer Umgebung keine Informationen auf und rennen im Übermut immer geradeaus! Sie stoppen ihren Lauf erst im allerletzten Augenblick und stemmen dabei die Gliedmaßen mit äußerster Kraft in den Boden, um die große Geschwindigkeit vor dem Heck zu bremsen. Diesmal gelingt es ihnen noch soeben, und damit ist ein Unglück verhütet worden. Auch in diesem Fall muß man annehmen, daß die Pferde das Hindernis, das direkt in ihrer Laufrichtung liegt, erst ganz kurz vor der Annäherung gesehen bzw. bemerkt haben. An einem anderen Beispiel erleben wir, daß Pferde in ihrer Aufregung gegen solche Hindernisse laufen, die direkt vor ihnen stehen. Dabei ziehen sie sich oft schwere Verletzungen zu und kommen mit tiefen, manchmal lebensgefährlichen Wunden im vorderen Brustbereich zur Behandlung. Auch in diesem Fall stellt man unwillkürlich die Frage: „Hat das Pferd dieses Hindernis nicht gesehen? Und warum hat das Pferd diese Hindernis nicht gesehen?" Solchen Beobachtungen können wir entnehmen, daß ein Unterschied zwischen dem Sehen des Menschen und dem des Pferdes bestehen muß. Das vorliegende Problem ist bedeutsam, und zur Beantwortung dieser Frage sollen nachfolgende Ausführungen dienen, in denen außer der unterschiedlichen Augenstellung bei Mensch und Pferd besonders die gravierenden Unterschiede in der Anatomie und Physiologie des Augapfels, der Retina, der Sehnerven, des Sehzentrums im Gehirn, des Farbensehens und des Gesichtsfeldes dargelegt werden, die bei den Augen von Mensch und Pferd bestehen. Auch die Frage, ob das Pferd direkt nach vorne sehen kann, wird durch neuentwickelte Untersuchungsmethoden beantwortet, die einwandfrei nachweisen, daß die direkt von vorn kommenden Lichtstrahlen nicht auf die Retina im Augenhintergrund fallen. Bei diesen Untersuchungen sei vorausgesetzt, daß die Pferde den Kopf und den Hals immer geradeaus in der Körperachse halten.

I. Teil: Bau und Funktion des Auges

Beim Ansehen des Pferdekopfes erkennen wir sofort, daß die Augen eine seitliche und verhältnismäßig oberflächliche Stellung einnehmen und der Blick nicht direkt nach vorn, sondern nach vorn-seitwärts und leicht nach unten gerichtet ist (Abb. 1). Im Gegensatz dazu stehen die Augen beim Menschen frontal im Kopf unter der hohen, breiten und etwas vorgewölbten Stirn, die durch die starke Entwicklung des menschlichen Großhirns diese charakteristische Form erhalten hat. Sie blicken direkt horizontal nach vorn. Daraus ergibt sich, daß die Hauptblickrichtung des Menschen nach vorn, die des Pferdes nach vorn-seitwärts und leicht abwärts eingestellt ist. Die senkrecht auf der Hornhaut des Auges und in der Mitte der Pupille stehende gedachte Linie stellt die **Sehachse, optische Achse,** dar und ist die **Hauptblicklinie.** Folgendes Beispiel erläutert die Folgen, die aus der verschiedenen Augenstellung von Mensch und Pferd eintreten können. Wenn der Mensch den Kopf zur Seite hält und weiter geradeausgeht, dann muß er genauso gegen ein vor ihm stehendes Hindernis laufen, wie das Pferd beim Springen. Diese Erfahrung zeigt uns, wie das Pferd bei gerader Kopfhaltung mit den seitlich stehenden Augen nach vorn sieht. In

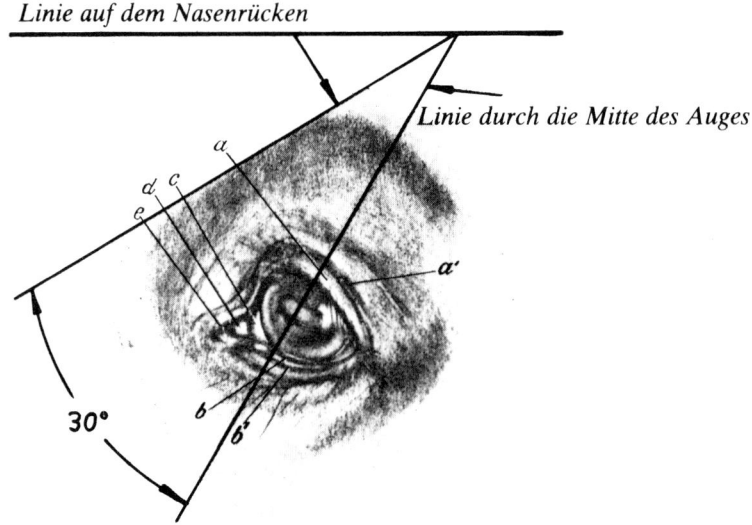

die optische Achse steht senkrecht auf der Hornhaut (nicht eingezeichnet).

Abb. 2: Linkes Auge des Pferdes
    a, a' oberes und b, b' unteres Augenlid; c 3. Augenlid;
    d Tränenkarunkel; e medialer Lidwinkel

diesem Fall sieht es direkt nach vorn von Natur aus nichts, wie auch der Mensch bei seitlicher Kopfhaltung von vorn kein Bild empfängt.

Man kann beim Pferd einen Winkel herstellen zwischen zwei gerade verlaufenden Linien, von denen die eine auf dem Nasenrücken und der Fläche der vorderen Stirn, die andere durch die Mitte des Auges und der Augenhöhle verläuft (Abb. 2). Dieser Winkel ist etwa 30° groß. Hierdurch wird die Seitenstellung der Augen meßbar, und es zeigt sich, daß das Pferd im Gegensatz zum Menschen mit beiden Augen gleichzeitig ein und denselben Gegenstand nicht sehen kann.

Auf die Anatomie (Bau) und Physiologie (Funktion) der Augen wird mit nachfolgenden Ausführungen kurz eingegangen. Die Augen liegen in den Orbitalhöhlen (Augenhöhlen) gut gepolstert auf einem weichen, elastischen Fettgewebe. Nach außen sind sie durch die Lider geschützt. Im inneren Lidwinkel befindet sich beim Pferd zum Schutz des Augapfels der Blinzknorpel. Er ist von der Nickhaut überzogen und fast ganz von den Augenlidern bedeckt (4: Ellenberger-Baum, S. 114). Die Lidöffnungen sind beim Menschen elliptisch und schmaler als beim Pferd. Außerdem besitzt das Oberlid des Pferdes eine starke bogenförmige Wölbung, wodurch das Auge weiter geöffnet ist als das des Menschen.

Die Augen werden durch Lidschlag mit der Tränenflüssigkeit befeuchtet, gleichzeitig vor Eintrocknung, Trübung, Schädigung durch Schmutz oder Staub bewahrt und ebenfalls dabei auch gereinigt. Der Augapfel – Bulbus – kann durch die Funktion von 6 Augenmuskeln nach allen Seiten bewegt werden. Sein Drehpunkt liegt etwa in der Mitte des Bulbus. Die Beweglichkeit des menschlichen Auges ist größer als die des Pferdeauges. Der Augapfel besitzt einen vorderen (lidseitigen) und einen hinteren (hirnseitigen) Pol. Der Augapfel des Pferdes hat einen Breitendurchmesser von 4,8 bis 5,1 cm, einen Vertikaldurchmesser von 4,3 bis 4,7 cm (4: Ellenberger-Baum, 931 und 12, Trotter S. 24) und besitzt die Form einer abgeflachten Kugel; der Bulbus des Menschen ist etwa kugelrund bei einem Durchmesser von 2,5 cm. Am hirnseitigen Pol treten der Nervus opticus und die Blutgefäße in den Bulbus ein. Sie stellen damit die Nerven- und Gefäßverbindung zwischen dem Auge und dem Gehirn, wie auch dem Kreislaufsystem her.

Das Auge ist ein hochspezialisiertes Sinnesorgan und vermittelt dem Menschen etwa 80 % aller von außen kommenden Reize. Ihm fällt die Aufgabe zu, die Lichtstrahlen zu empfangen, sie über ein optisches System (Hornhaut, Linse, Glaskörper) und ein sehr kompliziert aufgebautes und höchst empfindliches Gewebe (Netzhaut) über den Sehnerv (Nervus opticus) als bioelektrische Ströme zu der im Gehirn liegenden Sehrinde zu leiten.

Abb. 3 Mensch senkrechter Schnitt durch den rechten Bulbus

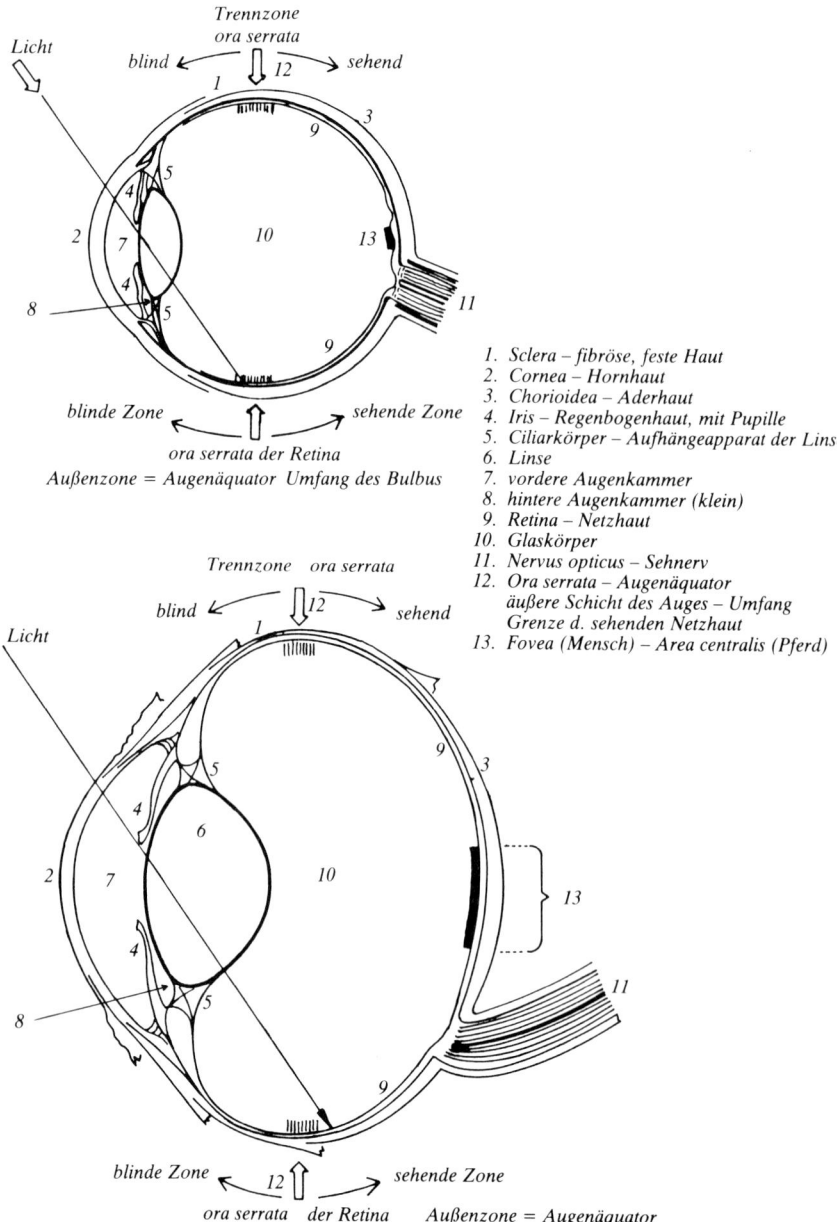

1. Sclera – fibröse, feste Haut
2. Cornea – Hornhaut
3. Chorioidea – Aderhaut
4. Iris – Regenbogenhaut, mit Pupille
5. Ciliarkörper – Aufhängeapparat der Linse
6. Linse
7. vordere Augenkammer
8. hintere Augenkammer (klein)
9. Retina – Netzhaut
10. Glaskörper
11. Nervus opticus – Sehnerv
12. Ora serrata – Augenäquator
    äußere Schicht des Auges – Umfang
    Grenze d. sehenden Netzhaut
13. Fovea (Mensch) – Area centralis (Pferd)

Abb. 4 Pferd Ellenberger-Baum 1926 1½fach vergrößert
senkrechter Schnitt durch den rechten Bulbus

Zum besseren Verständnis des Sehvorganges muß auch das menschliche Auge in die folgenden Betrachtungen mit einbezogen werden. Denn der Mensch kann sich darüber äußern, was und wie er sieht. Beim Tier entstehen zwar diesbezügliche Reaktionen, deren Deutung oft aber schwierig oder unmöglich für uns ist. Die Augen des Pferdes unterscheiden sich im Aufbau und in gewissen Einzelheiten von menschlichen Augen. Diese werden besonders beschrieben.

Der Augapfel – Bulbus – ist von einer festen Kapsel umgeben, die aus 3 Häuten besteht. Die äußere feste, fibröse Haut (Sclera) umfaßt den Augapfel zu $4/5$. Sie ist im vorderen Teil als Hornhaut (Cornea) durchsichtig, sie ist frei von Blutgefäßen und weist eine stärkere Krümmung auf. Die Augenlider schützen die Augen und die Hornhaut, sie schließen sich durch starke Lichtreize und bei Berührung der Cornea. Die mittlere Augenhaut besteht aus 3 Schichten: 1. Regenbogenhaut (Iris), 2. Aufhängapparat der Linse (Ciliarkörper), 3. Aderhaut (Chorioidea). Diese trägt das Blutgefäßsystem für das Augeninnere und liegt zwischen der Sclera und der inneren Augenhaut, der Retina.

Bei vielen Tieren tritt im Dunkeln ein Leuchten der Augen auf. Hierfür ist eine als Tapetum lucidum bezeichnete Schicht, in der Aderhaut liegend, verantwortlich. Sie wirkt wie ein Spiegel und wirft das in das Auge einfallende Licht blau-grünlich gefärbt zurück. Ein Tapetum fehlt dem Menschen (5: Ellenberger-Scheunert, 1924, S. 518). Etwa am inneren Rand, wo die Sclera in die Cornea übergeht, biegt die Iris (Regenbogenhaut) scharf zur mittleren Augenachse nach vorn ab, sie stellt eine elastische, kontraktile Scheidewand dar mit einer zentralen Öffnung, der Pupille, die beim Menschen eine runde, beim Pferd eine elliptische Form hat. Sie legt sich wie ein Vorhang vor die äußere Linsenfläche.

Hierdurch werden die vordere größere und die hintere kleinere Augenkammer gebildet. Sie enthalten das farblose Kammerwasser. In Verbindung mit dem ringförmigen Rand der Regenbogenhaut (Iris) steht der Ciliarkörper mit den Ciliarmuskeln. Der Ciliarkörper bildet den Aufhängapparat für die Linse. In ihm befindet sich auch der Muskulus ciliaris, der Akkommodationsmuskel, der die Form der Linse je nach der Objektentfernung verändern kann. Durch die Formänderung werden die Lichtstrahlen gebrochen, so daß auf der Retina immer ein scharfes Bild entsteht. Die Augenlinse ist immer eine Sammellinse. Beim Menschen ist die Fähigkeit der Akkommodation viel größer als bei den großen Haustieren (14: Wittke-Pfeffer, 1983, S. 10). Der Akkommodationsvorgang ist noch nicht ganz geklärt. Es gibt mehrere Theorien. Eine davon besagt: Im Ruhezustand nimmt die Linse fast eine Kugelform an wie beim Nahesehen, beim in die Fernesehen tritt der Muskulus ciliaris in Tätigkeit, wobei die Linse nach Bedarf flacher wird.

Das auf der Netzhaut, Retina, entstehende Bild ist verkleinert, erscheint seitenverkehrt und steht, da sich die Lichtstrahlen im Glaskörper (Brennpunkt) kreuzen, auf dem Kopf. Die von einem Objekt ausgehenden Strahlen, die Sehstrahlen, begrenzen den anvisierten Gegenstand. Der zwischen ihnen liegende Winkel ist der „Sehwinkel".

Die Linse wird durch Lymphe und das Kammerwasser ernährt (5: Ellenberger-Scheunert, 1925, S. 511). Die am Rande der Linse einfallenden Strahlen werden stärker gebrochen als die zentral eintretenden. Ebenso erfahren die kurzwelligen blauen Lichtstrahlen eine stärkere Brechung als die langwelligen roten Lichtstrahlen (Bilder 6 u. 7). Die optischen Gesetze gelten auch für das Auge! Infolge der Zerlegung des zusammengesetzten Lichtes durch die lichtbrechenden Medien des Auges ist das Netzhautbild nicht farblos, sondern von farbigen Ringen umgeben (Chromatische Aberration), die aber von unserer Psyche vernachlässigt werden. Beim Menschen und den Säugetieren kann es vorkommen, daß die Oberflächen der Hornhaut und der Linse nicht immer gleichmäßig gekrümmt sind (Astigmatismus). Hierdurch wird die Schärfe des Bildes gestört.

Die Vereinigung der parallel auf die Hornhaut fallenden Lichtstrahlen findet nicht in einem Punkt statt, sondern es muß für den stärker brechenden Meridian (Krümmungslinie der Linsenoberfläche, Abb. 8 u. 9) eine der Hornhaut nähergelegene Brennlinie als Vereinigungsort der Lichtstrahlen vorhanden sein. Liegt gleichzeitig ein Linsen-Astigmatismus vor, der meist in umgekehrter Richtung ausgebildet ist, so kompensieren sich die Störungen (5: Ellenberger-Scheunert, 1925, S. 511). Eine Brechung der Lichtstrahlen erfolgt dann, wenn diese von einem dünneren Stoff in einen dichteren übergehen. Abb. 5 zeigt den Verlauf eines Lichtstrahles, der aus der Luft durch eine Glasplatte dringt. Dabei ist der Einfallswinkel a größer als der Brechungswinkel b. Wenn der Lichtstrahl von einem dünnen Material eindringt, so wird er zum Lot hin gebrochen, das auf dem festen Material steht. Verläßt er die dichte Substanz wieder, so wird er vom Lot weggebrochen.

Aus dem Bereich „Optik", einer hochentwickelten Wissenschaft mit einer sehr umfangreichen Literatur, werden nur einige Fakten entnommen, die für das Verständnis der hier dargelegten Vorgänge nötig sind.

In Bild 8 a wird der Durchgang der Strahlen gezeigt, die parallel zur optischen Achse die bikonvexe Sammel-Linse des Auges passieren. Der durch den Mittelpunkt der Linse, optischer Mittelpunkt, verlaufende und auf der optischen Achse liegende Strahl wird nicht gebrochen. Die durch das Mittelfeld der Linse verlaufenden Parallelstrahlen vereinigen sich nach Verlassen der Linse im Brennpunkt, der auf der optischen Achse liegt. Jede Linse hat 2 Brennpunkte, von denen der vor der Linse liegende erster, der

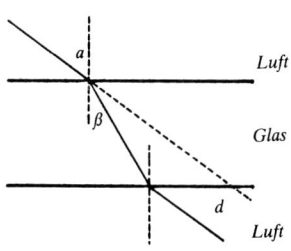

Abb. 5 Parallelverschiebung eines Lichtstrahls durch eine planparallele Platte

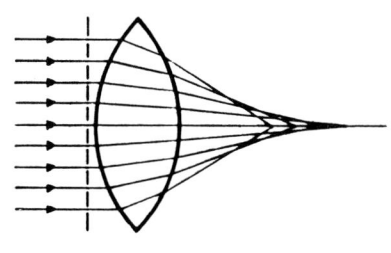

Abb. 6 Diakaustik einer Sammellinse wird durch Blende verhindert!

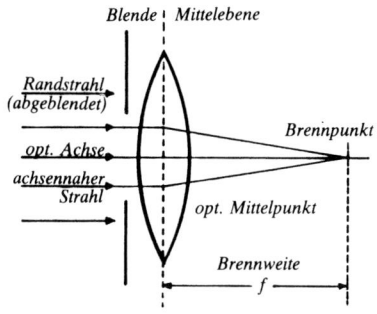

Abb. 7 Die Bezeichnungen bei den Linsen entsprechen denen bei den Hohlspiegeln.

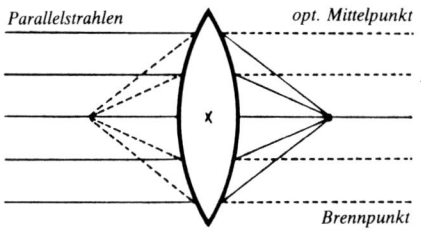

Abb. 8

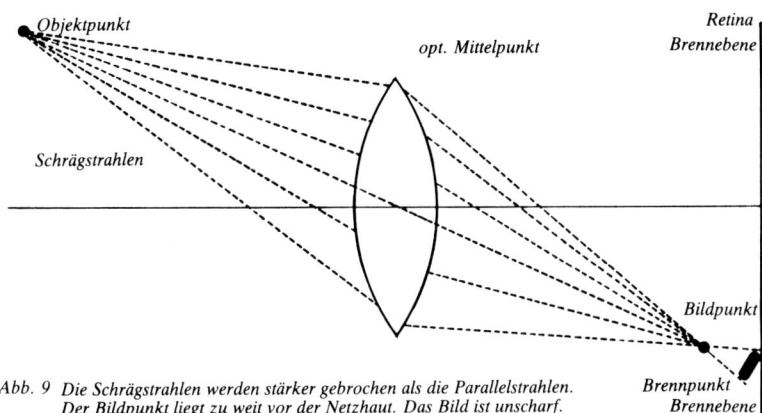

Abb. 9 Die Schrägstrahlen werden stärker gebrochen als die Parallelstrahlen. Der Bildpunkt liegt zu weit vor der Netzhaut. Das Bild ist unscharf.

dahinter gelegene zweiter Brennpunkt genannt wird. Die Entfernung der Brennpunkte von der Linse sind die Brennweiten; sie sind einander gleich, wenn die Krümmungsflächen gleiche Krümmungsradien haben. Dies ist bei der Augenlinse nicht der Fall (5: Ellenberger-Scheunert, 1925, S. 507). Die durch die Randzone verlaufenden Parallelstrahlen werden stärker gebrochen als die Mittelfeldstrahlen und treffen sich auf der optischen Achse noch vor dem eigentlichen Brennpunkt und liefern infolgedessen ein unscharfes Bild. Durch die verschiedene Strahlenbrechung verliert der eigentliche Brennpunkt seine punktförmige Gestalt und zieht sich in Richtung zur Linse etwas in die Länge (Abb. 5, 8, 9 und 7, Dorn 1957).

Bei schräg auf die Linse fallenden Strahlen verschiebt sich der Brennpunkt und wandert auf der Brennebene (Abb. 9) im Raum des Auges um die optische Achse herum und liegt vor der Netzhaut (Abb.9). Demzufolge gibt es kein scharfes Bild auf der Retina, die als halbkugelige Fläche den Augenhintergrund auskleidet. Aus den Linsenfunktionen ist erkennbar, daß nur die durch das Mittelfeld der Linse verlaufenden Strahlen klare Bilder auf einem Bildschirm oder auf dem Augenhintergrund (der Retina) entwerfen können. Deshalb verdeckt man die Randzone der Linse mit einer Blende, damit das Eindringen von Schräg- oder Randstrahlen nicht möglich ist. Beim Auge übernimmt die in der Iris gelegene Pupille die Funktion einer Blende. Somit fallen fast nur die Zentralstrahlen, parallel zur optischen Achse laufend, durch die Pupillenöffnung auf den Augenhintergrund (Abb. 7). Die ganze Netzhaut besitzt pupillomotorische Aufnahmeapparate, von denen der Reiz zur Irisbewegung (Pupillen-Veränderung) ausgeht (Ellenberger-Scheunert, 1925, S. 517). Die Brechkraft einer Linse hängt von ihrer Krümmung ab. Je schwächer die Krümmung ist, desto länger ist die Brennweite; je stärker die Krümmung ist, desto kürzer ist die Brennweite. Als Maßeinheit der Linse wird eine Linse von 1 Meter Brennweite angenommen, die Meterlinse = 1 Dioptrie. Eine Linse von 4 Dioptrien hat also eine viermal stärkere Brechkraft, stärkere Wölbung und viermal kleinere Brennweite = $1/4$ Meter Länge. Eine Linse von $1/2$ Dioptrie hat daher eine Brennweite von 2 Metern. Diese Linse ist schwächer gewölbt und hat deshalb eine kleinere Brechkraft. Die stark gekrümmte akkommodierte Linse des menschlichen Auges ist sehr stark gewölbt und hat eine Brennweite von ca. 22,2 mm bei ca. 33,6 Dioptrien. Die Linse einer einfachen Lesebrille bei Weitsichtigkeit, bei der der Brennpunkt hinter der Linse liegt, hat eine Brennweite von 25–30 cm bei 4 Dioptrien. Zur Korrektur des Strahlenverlaufes bei Weitsichtigkeit, „Hyperopie", verwendet man konvexe Linsen, Sammellinsen, bei Kurzsichtigkeit, „Myopie", konkave Linsen, zerstreuende Linsen (5: Ellenberger-Scheunert, 1925, 12: Trotter, 1985, S. 181).

Der Linsendurchmesser (zwischen vorderer und hinterer Linsenfläche) beträgt beim Menschen 4 mm, beim Pferd 13 mm (Abb. 3 u. 4). Der Radius der vorderen Linsenfläche weist beim Menschen eine Länge von 10 mm, bei der hinteren Linsenfläche von 6 mm auf. Der Radius der vorderen Linsenfläche beim Pferd beträgt 21 mm, der hinteren Linsenfläche 13 mm. Der Brechungsindex (Verhältnis zwischen dem Krümmungsradius der vorderen und der hinteren Linsenfläche) hat beim Menschen die Größe von 1,66, beim Pferd von 1,61. Trotz der verschiedenen Größen der Augen des Menschen und des Pferdes ist die Brechungskraft der Linsen fast gleich groß. Das gesamte dioptische, lichtbrechende System des Auges besteht aus der Tränenflüssigkeit, der Hornhaut (Cornea), dem Kammerwasser in der vorderen Augenkammer und dem Glaskörper. Sie sind zusammen mit etwa 40 % an der Lichtbrechung beteiligt. Die Linse trägt den Hauptanteil der Lichtbrechung mit 60 %. Sie besitzt die Fähigkeit, ihre Form zu verändern und die Lichtbrechung so zu regulieren (Akkommodation), daß ferngelegene wie auch nahegelegene Gegenstände zu einem scharfen Bild auf der Retina abgebildet werden. Diese soeben beschriebene Akkommodation wird nachfolgend wegen ihrer großen Bedeutung für den Sehvorgang in allen Einzelheiten besonders erläutert. In den Bildern 10 und 11 ist die Veränderung der Brennweite zeichnerisch dargestellt, die beim Ablauf der Akkommodation an den Parallelstrahlen auf der optischen Achse eintritt. Das im Querschnitt dargestellte menschliche Auge ist dreifach vergrößert (12: Trotter, 1985, S. 24, 180, 181). In diesen Zeichnungen ist der Strahlenverlauf sowohl am nicht akkommodierten Gesamtsystem (Abb. 10) als auch am maximal akkommodierten Gesamtsystem (Abb. 11) eingezeichnet. Die von Trotter angegebenen Längenmaße (S. 180/181) sind vom Scheitelpunkt der Hornhaut bis zur Retina gemessen.

Die bildseitige Brennweite beträgt am desakkommodierten Gesamtsystem im Auge 24,4 mm, hier im Bild 73,2 mm (3 x 24,4 = 73,2 mm). Die bildseitige Brennweite beträgt am maximal akkommodierten Gesamtsystem im Auge 21,01 mm, hier im Bild 63,0 mm (3 x 21,01 = 63,0 mm). Die gesamte Brechkraft der desakkommodierten Linse hat die Größe von etwa 19,11 Dioptrien, die gesamte Brechkraft der maximal akkommodierten Linse hat die Größe von etwa 33,06 Dioptrien (desakkommodiert = nichtakkommodiert). Bei den nachfolgenden Ausführungen über die Retina des Menschen soll im Vorgriff kurz auf die Fovea, den zentralen Teil der Retina, eingegangen werden. Sie hat einen Durchmesser von 1,5 bis 2,5 mm, hier im Bild 3 x 1,5 oder 3 x 2,5 mm, und stellt eine ebene Fläche dar. Ihr Sehepithel besteht nur aus Zapfen. **Hier allein finden das direkte Sehen und die scharfe Bildentstehung statt. Die Sehstrahlen müssen parallel zur optischen Achse verlaufen! Nur dann treffen sie auf die Fovea beim Menschen oder auf die Area centralis beim Pferd. Nur von den Zapfen**

in der Fovea geht bei ausreichender Lichtstärke der Impuls zur Akkommodation, zur Scharfeinstellung der Linse, aus. Nur durch diesen Vorgang kann immer eine gute Bildwiedergabe in der Fovea stattfinden. Dabei tritt beim Menschen und Pferd gleichzeitig eine Verengung der Pupille ein (5: Ellenberger-Scheunert, 1925, S. 517).

Bei einer Kurz- oder Weitsichtigkeit ist die Akkommodation für die Bildentstehung in der Fovea (Netzhaut) gestört. Zur Korrektur fertigt der Augenoptiker eine Brille (Vorsatzlinse) an. Sie erzeugt wieder ein scharfes Bild auf der 3—4 mm^2 großen Fovea. Die Sehkraft ist dadurch für den Menschen wieder hergestellt. Die Funktion der übrigen 757 mm^2 der Retina, der Stäbchenschicht, ist für den Optiker ohne Interesse. Sie kann auch durch eine Brille nicht beeinflußt werden. Die vornehmlich auf den Seitenflächen stehenden Stäbchen können keine Akkommodation auslösen. Die einfallenden Schrägstrahlen können keinen scharfen Brennpunkt im Augenhintergrund bilden, sie erfüllen andere Aufgaben und treten beim Dämmerungssehen in Tätigkeit. In diesem Fall ist eine Akkommodation nicht nötig. Sie kann auch wegen Lichtmangels nicht eintreten. Um zu wissen, wo das Bild im Auge entsteht, müssen wir den Lichtstrahlen sowohl im desakkommodierten als auch im akkommodierten Auge zunächst bis zum Brennpunkt, Kreuzungspunkt, folgen, der sich auf der optischen Achse befindet. Dieser verändert seine Lage entsprechend den Akkommodationsverhältnissen (s. Abb. 10 u. 11). Er liegt beim desakkommodierten Auge 1 mm vor der Retina — in natura = 0,35 mm —, beim maximal akkommodierten Auge ca. 10 mm vor der Retina — in natura = 3,3 mm —. Von hier dringen die gekreuzten Strahlen in die Netzhaut ein und erzeugen in der äußeren Grenzschicht, nahe der membrana limitans externa, aus den dort eintreffenden Lichtreizen ein umgekehrtes seitenverkehrtes Bild (s. Abb. 12, 13, 14). Beim desakkommodierten Auge ist der Zwischenraum zwischen dem Brennpunkt, dem Kreuzungspunkt der Lichtstrahlen, und dem in der Fovea entstandenen Bild auf der optischen Achse sehr klein. In der Fovea können daher viele aus der Ferne kommende kleine Bilder empfangen werden. Das Auge ist auf Fernsicht eingestellt. In diesem Gesamtbild sind Einzelheiten nur schwer erkennbar. Beim stark akkommodierten Auge rückt der Brennpunkt, Kreuzungspunkt der Lichtstrahlen, wegen der kürzeren Brennweite näher an die Linse heran, so daß der Abstand zur Fovea 8 mm im Bild beträgt, wird größer — in natura 3,3 mm —. Die von hier weiter verlaufenden gekreuzten Strahlenschenkel spreizen sich und erzeugen in der Fovea ein größeres Bild als in der Abbildung 10. Das Auge ist auf Nahesehen eingestellt. Das empfangene Bild ist scharf und groß. Alle Einzelheiten sind gut erkennbar. Damit sind für den Menschen die Vorausset-

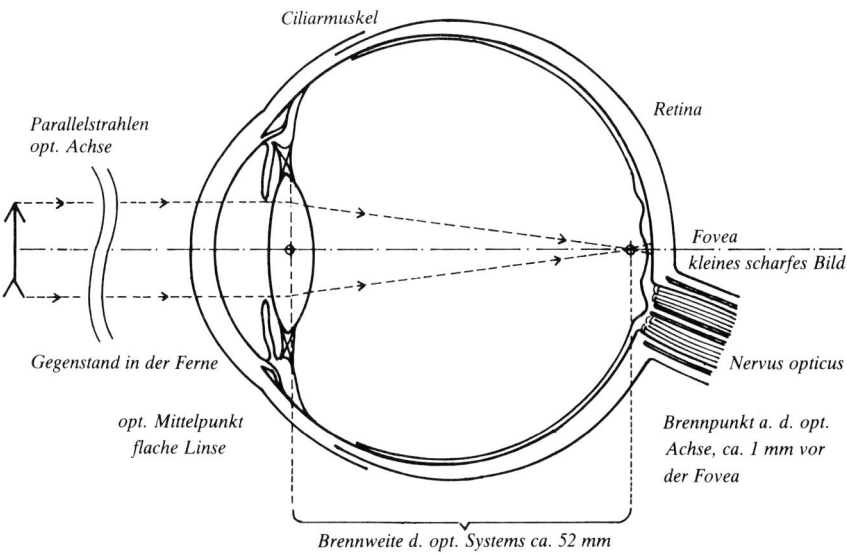

Abb. 10 menschliches Auge in die Ferne sehen — Maximal desakkommodiertes Gesamtsystem

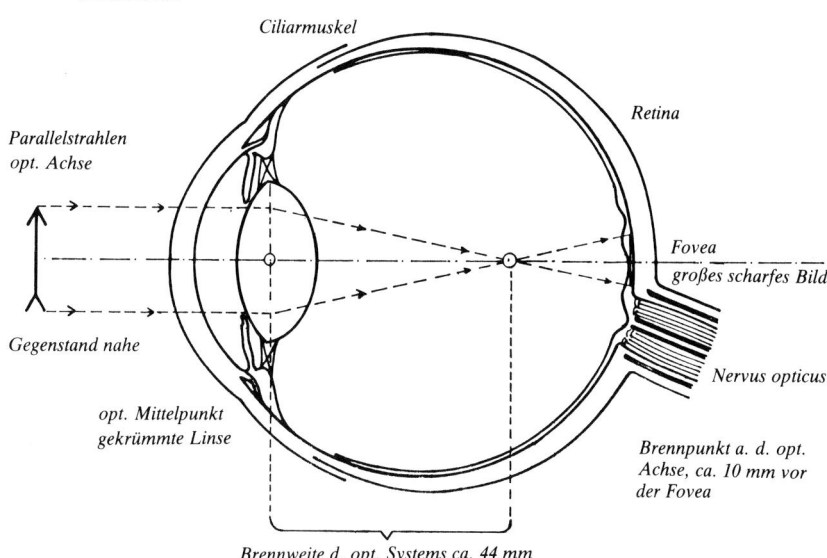

Abb. 11 menschliches Auge Nahes Sehen — Maximal akkommodiertes Gesamtsystem

Diese Bilder haben eine besonders große Aussagekraft über die Funktion der Akkommodation (Veränderung der Brennweite). Sie zeigen an, in welcher Weise der Brennpunkt im Glaskörper auf der optischen Achse beim Fern- und Nahesehen hin- und herwandert. Dieser Vorgang ist die Voraussetzung für eine scharfe Bildentstehung.

zungen zur Ausführung jeder Arbeit mit den Händen erfüllt. Die beschriebene Wanderung des Brennpunktes als Folge der verschieden starken Akkommodation ist die Voraussetzung für eine weite Fernsicht oder für das scharfe Nahsehen. So werden aus der Ferne viele Gegenstände als kleine Bilder, aus der Nähe aber wenige Gegenstände als große und scharfe Bilder im Auge aufgenommen. Der Bildwechsel und die Bildschärfe werden reflektorisch oder willkürlich in Bruchteilen von Sekunden über das Nervensystem hergestellt. Dabei wandert der Brennpunkt ununterbrochen auf der optischen Achse zwischen den Markierungen hin und her. So kann sich der Mensch überall in seiner Umgebung risikolos bewegen.

Bei einer Akkommodationsstörung mit nachfolgender Weit- oder Kurzsichtigkeit fallen die Brennpunkte der Lichtstrahlen nicht in den Bereich der Markierungen, die auf der optischen Achse in den Bildern 10 und 11 dargestellt sind. Diesen Fehler können wir durch die vorgesetzten Linsen (Brille) beseitigen, so daß nach der Regulierung der Brennweiten im Auge auf der Retina klare und scharfe Bilder entstehen. Das Auge wird normalsichtig (emmetrop) — Emmetropie, Abb. 10 und 11.

Diese automatische Regulierung der Sehschärfe ist beim Pferd fast gar nicht möglich, da die Retina des Pferdes in der Area centralis nur 5—6 % Zapfen und 94—95 % Stäbchen besitzt. Die Akkommodation wird aber allein von den Zapfen ausgelöst. Folglich sind die seitlich stehenden Augen des Pferdes nur auf eine weite und breite seitliche Fernsicht eingestellt (Hyperopie). Da die Linse ihre Form fast nicht verändern kann, werden die aus der Nähe auftretenden Gegenstände immer als unscharfe Bilder mit mangelhafter Bildauflösung wiedergegeben (z. B. Hindernisse). Daher stoppen Reitpferde oft ihren Lauf vor plötzlich auftretenden Hindernissen, weil sie deren genaue Entfernung als Folge ihrer seitlich stehenden Augen nicht messen können. Sie sind überrascht, hilflos und auf einen Sprung nicht vorbereitet. Aus dieser Notlage können sie nur mit Hilfe des Reiters oder durch die Flucht befreit werden.

Die Bilder 10 und 11 geben sehr deutlich die wechselnde Lage des Brennpunktes im menschlichen Auge auf der optischen Achse an und verdeutlichen damit, auf welche Weise das Nahesehen und das in die Fernesehen zustandekommt.

Die Darstellung soll keine Aussage darüber sein, ob der Brennpunkt kurz vor oder in der Retina liegt.

Die Fehlsichtigkeit kommt auch bei den Haustieren vor. Nach Feststellungen von Berlin wurden bei 231 Weiderindern und Pferden 43 % Emmetropie — Normalsicht — und 57 % Myopie — Kurzsichtigkeit — festgestellt. Sicher werden auch aus diesem Grunde bei den Pferden bei einer solchen Fehlsichtigkeit keine scharfen Bilder in den Augen entstehen und einen Einfluß auf das Verhalten und die Leistung haben. Es steht noch nicht fest, ob die Stall- oder Weidehaltung dieses Ergebnis ändern wird. Hunde sind fast immer kurzsichtig, kleine mehr als große (5: Ellenberger-Scheunert, 1925, S. 512).

Das normale, desakkommodierte Auge (Abb. 10) ist auf einen theoretisch fernen Stand eingestellt, den Fernpunkt, d. h. von einem unendlich fernen Punkt entsteht auf der Netzhaut ein scharfes Bild. Die kleinste Entfernung eines Gegenstandes, bei der noch im akkommodierten Auge ein scharfes Bild auf der Netzhaut entsteht, ist der Nahepunkt (5: Ellenberger-Scheunert, S. 513), Abb. 10 und 11.

Praktisch betrachten wir bei dem monokular sehenden Menschen alle Lichtstrahlen als parallel in das Auge einfallend, wenn sie von einem Punkt kommen, der weiter als 6 Meter entfernt ist. Der Mensch sieht mit 2 Augen 1 Bild = monokular. Die Augen des Pferdes mit der elliptischen Pupille, dem elliptischen Bulbus und der breiten Area centralis nehmen gleichzeitig Parallel- und Schrägstrahlen bei Wiedergabe unscharfer Bilder auf. Sie sind farblos. Das binocular sehende Pferd empfängt von 2 Augen immer 2 Bilder, mit jedem Auge ein anderes. Beim Menschen entsteht von einem Gegenstand, der ganz nah vor beiden Augen gehalten wird, in jedem Auge ein Bild. Es gibt also Doppelbilder. In diesem Fall sieht jedes Auge ein unscharfes Bild, das jeweils temporal direkt neben der Fovea auf der Netzhaut liegt, Stäbchensehen. Beide Bilder stehen nicht auf korrespondierenden Stellen der Retina. Deshalb bleiben sie Einzelbilder. Wenn der Abstand des Gegenstandes vor den Augen wächst, verschmelzen die Bilder zu einem Bild. Je weiter ein Gegenstand vom Auge entfernt ist, desto kleiner wird sein Bild auf der Retina.

Im hellen Sonnenschein sind die Pupille, demzufolge das Gesichtsfeld und die beleuchtete Fläche der Netzhaut klein. Umgekehrt sind in der Dämmerung die Pupille, das Gesichtsfeld und die beleuchtete Fläche der Retina groß, so daß nunmehr der gesamte Augenhintergrund in den Sehprozeß eingeschaltet wird. Wenn beim Menschen zu helles Licht eine Blendung hervorruft, so kann er außer durch Helladaption (Einstellung auf helle Lichteinwirkung), bei der eine Verkleinerung der Pupille und eine Reaktion der Retina eintreten — Sensibilitätseinschränkung der Rezeptoren —, noch weiterhin durch Zwinkern mit den Augenlidern den Lichteintritt reduzieren. In das geöffnete Auge fallen bei Tageslicht gleichzeitig Lichtstrahlen von allen Objektpunkten ein, die im Bereich der Sehachse und ihrer Umgebung liegen. Sie kommen aus großer Ferne, aus mittlerer Weite und aus der

Nähe. Durch die Veränderung der Linsenform (Akkommodation) können wir nun nach unserer Wahl den fernliegenden Gegenstand oder das nahegelegene Objekt ansehen.

Die Pupille des Menschen ist kreisrund, steht fast im Mittelpunkt der Iris und hat einen glatten Rand. Beim Pferd liegt sie etwas dorsal und nasal vom Mittelpunkt der Iris, besitzt eine quer-ovale Form und trägt am dorsalen Pupillenrand die „Traubenkörner". In der Dunkelheit vergrößert sich die Pupille des Menschen stark, und die ovale Pupille des Pferdes nimmt dann beinahe eine runde Form an, die etwa $3/5$ des Querdurchmessers der Iris besitzt.

Über die Funktion der Traubenkörner hat man keine genauen Kenntnisse. Sicher stellen diese Gebilde kein Hindernis beim Sehen dar. Man darf annehmen, daß ihre Aufgabe darin besteht, bei sehr hellem Sonnenschein und schmaler Pupille den Einfall weiterer Licht- und ultravioletter Strahlen ins zentrale Auge zu verhindern, indem sie sich über den schmalen Pupillenspalt legen. Damit wird das sehr strahlenempfindliche Sehepithel in der zentralen Retina vor Schaden bewahrt. Denn beim Pferd liegen gerade die äußerst sensiblen Stäbchen in der Mitte der Netzhaut als breiter Streifen (Abb. 25), wo der stärkste Lichteinfall stattfindet (Area centralis). Außerdem wirkt die Linse wie ein starkes Brennglas. In der Mittagszeit ruhen die Pferde auf der Weide und beginnen erst in den Abendstunden wieder mit der Futteraufnahme, wenn die Sonne tiefer am Himmel steht, dann öffnet sich die Pupille mit den Traubenkörnern langsam wieder, und das einfallende Licht wird für die Augen erträglicher.

In der Dämmerung, bei weiter Pupille, tritt breite Belichtung des gesamten Augenhintergrundes ein, so daß die Stäbchen eine optimale Funktion in der Dämmerungsphase entwickeln können. Zu dieser Information erhält die Pupille die nervlichen Impulse von der Retina.

Im Gegensatz zur Helladaption, Anpassung des Auges an helles Licht, Zapfensehen, Tagessehen, fallen in der Dämmerung oder Dunkelheit nur wenige Lichtstrahlen ins Auge. Bei diesem Übergang vom Zapfensehen zum Stäbchensehen tritt die Dunkeladaption, Dämmerung- und Nachtsehen, ein. Dabei wird die Pupille weit und groß, die Linse wird flach, sie desakkommodiert und bündelt die Strahlen nur schwach. Sie fallen überwiegend im gesamten Augenhintergrund auf die Stäbchenschicht, in der die Stäbchen nicht so dicht stehen wie die Zapfen in der zentralen Fovea. Die Zapfen treten dabei nicht in Tätigkeit. Während beim hellen Licht, Helladaption, die Zapfen sofort reagieren, verzögert sich in der Dämmerung die Funktion der Stäbchen bis zu 5 oder 10 Minuten und noch länger, so daß die Hell-Dunkel-Adaption eine längere Anlaufzeit bis zur Aktivierung der Stäbchen benötigt und die Bildentstehung eintritt. Die empfangenen Bilder werden bei einem längeren Aufenthalt in der Dunkelheit immer heller.

Den größten Teil des inneren Auges nimmt der Glaskörper ein. Er ist wie das Kammerwasser farblos, klar, durchsichtig und gelatinös. Mit seiner fest-elastischen Konsistenz sorgt er für die Stabilität, die gleichbleibende Form und Gestalt des Bulbus, damit die Lichtstrahlen nach der Brechung in der Linse sich ganz exakt kurz vor der Netzhaut im Brennpunkt kreuzen und ein scharfes Bild in der Retina entstehen kann. Die Formstabilität des Bulbus muß unbedingt erhalten bleiben! Schon die geringste Formveränderung durch eine mechanische oder krankhafte Einwirkung auf den Bulbus würde eine Verschiebung des Brennpunktes zur Folge haben und eine bedeutende Sehstörung verursachen.

Nachdem die Lichtstrahlen die Pupille und die optischen Medien passiert haben, gelangen sie im Augenhintergrund auf die Netzhaut oder Retina. Diese kleidet mit Ausnahme der Linse das ganze Innere des Auges aus und wird eingeteilt in den sehenden und blinden Teil, pars optica retinae und pars caeca retinae. Der sehende Teil ist 0,06 mm dick und beginnt an der ora serrata (Abb. 3 u. 4, Trennlinie zwischen dem sehenden Teil rückwärts gelegen und dem blinden vorderen Teil der Retina) vor der Höhe des Augenäquators (ora serrata) und bekleidet halbkugelförmig den ganzen Augenhintergrund. Dieser ist mit dunklem Pigment ausgekleidet. Dadurch entsteht ein Dunkelraum, in dem eine beste Bildqualität erzeugt wird. Die Verbindung mit dem Nerven- und Blutgefäßsystem des Körpers erhält das Auge durch den Nervus opticus und die Arteria centralis nervi optici. Seine Eintrittsstelle, die Papilla optica, liegt im unteren seitlichen (ventrolateralen) Teil des Bulbus. Sie hat kein Sehepithel, wird als blinder Fleck bezeichnet und bildet beim Pferd eine flache Scheibe mit einem Durchmesser von 4,5—5,5 mm, beim Menschen 1,5 mm. Am Rande der Papille treten kleine Arterien für die Blutversorgung der Retina aus. Einige von ihnen stellen Endarterien dar. Sollte hier eine Thrombose eintreten, so entstehen dadurch irreparable Ausfälle in der Funktion des Auges.

Die innere Augenhaut, Retina, besteht aus 2 Hauptschichten, aus der Gehirnschicht mit fünf Schichten mit den Ganglienzellen (Nervenzellen) und Bipolaren (zweipolig), und aus der Neuroepithelschicht, ebenfalls mit fünf Schichten, zu denen die Lichtrezeptoren, die Zapfen und die Stäbchen gehören. Für den geregelten Ablauf der Sehfunktion sind alle Schichten nötig, aber nur die Zapfen und die Stäbchen treten direkt mit dem Licht in Verbindung (Ellenberger-Baum, 1926, S. 910 ff.; 5: Ellenberger-Scheunert, 1925, S. 507 ff.; Trotter, 1985, S. 36 ff.), Abb. 12, 13.

Das leuchtende, zusammengesetzte Sonnenlicht ist eine elektromagnetische Mischstrahlung mit verschiedenen Wellenlängen und tritt als solche in unsere irdische Welt ein (12: Trotter, 1985, S. 101 ff.). Diese direkten Strahlen sind unsichtbar. Ihre Photonen oder Lichtquanten kommen in einer Größe von 10^{-27} * m durch die Atmosphäre auf die Erde. Die Wellenlängen betragen zwischen 670 nm (rot) und 420 nm (violett). Zur direkten Aufnahme für die Augen sind sie viel zu stark und würden das Sehepithel in der Retina schädigen. Sobald sie aber auf Gegenstände treffen, leuchten diese auf und werden sichtbar. Von hier werden sie als indirekte Lichtstrahlen in die Umgebung reflektiert und gelangen dann in unsere Augen, so daß die angestrahlten Objekte sichtbar werden. Die von ihnen reflektierten Strahlen lösen je nach ihrer Wellenlänge eine differenzierte Sehempfindung aus, die bei einer Wellenlänge von 680 nm als eine rote und von 440 nm als eine violette Farbe empfunden wird. Jeder gesehene Gegenstand besitzt seine eigene Farbe aus dem Spektrum des Regenbogens, die in folgender Reihenfolge in Erscheinung tritt:

Rot	Orange	Gelb	Grün	Blau	Indigo	Violett	Farbe
670	600	580	520	470	445	420	in nm

Erscheint eine Farbe schwarz, so wird kein Licht reflektiert; erscheint eine Farbe weiß, so sind alle Farben dieses Lichts in gleicher Dosis darin vorhanden. Durch den Reflektionsvorgang verliert das Licht an Menge und Energie, wobei die verschiedenen Farben bei gleichzeitiger Veränderung der Wellenlänge entstehen. Auch im Auge wird noch ein Teil der Strahlung absorbiert. Die Rezeptoren in der Netzhaut sind so hoch lichtempfindlich, daß sie bei normalem Tageslicht noch aus 5 % der Lichtmenge, die von der Hornhaut auf die Netzhaut fällt, ein deutliches Bild entwerfen können.

---

*   1 nm = 10^{-9} m = 0,000000001 m = (Nanometer)
   1 Photon = 1 Lichtquant = 10^{-27} m

Die Lichtstrahlen werden von den Zapfen und Stäbchen aufgenommen. Diese tragen in ihrer äußeren Hälfte — im Spitzenbereich — die Sehstoffe und in ihrer inneren Hälfte die Zellkerne. Beim Sehvorgang werden die Sehstoffe abgebaut (Reduktion) und durch Oxydation — Anlagerung von Sauerstoff — wieder aufgebaut. Dieser Vorgang findet 30—50mal in der Sekunde statt. Während der Zerlegung werden durch biochemische Reaktionen bioelektrische Energien frei. Der bioelektrische Strom mit einer Spannung von 50 Millivolt wird über Ganglienzellen und Synapsen über den Nervus opticus zur Sehrinde geleitet. Sie liegt im hinteren Teil beider Gehirnhälften. Dort entsteht die bewußte Sehempfindung. Von hier aus erfolgt die Information anderer Gehirnabschnitte, von denen dann entsprechende Verhaltensweisen an die Peripherie gegeben werden, beim Pferd z. B.: Flucht, Ausweichen einer Gefahr, Suchen neuer Futterplätze usw.

Die Zapfen und Stäbchen haben, wie schon erwähnt, ungleiche Funktionen. Die Zapfen brauchen viel Licht für ihre Tätigkeit, sie sind für das scharfe Sehen, für das Tagessehen und für das Farbensehen da. Über das Farbensehen gibt es mehrere Theorien. Die größte Bedeutung hat immer noch die von Younk (1773—1824) und Helmholz (1821—1894). Hierin wird festgelegt, daß in der Netzhaut des menschlichen Auges drei Arten von Zapfen vorhanden sind, die Farben empfangen können (5: Ellenberger-Scheunert, 1925, S. 526, und 8: Mächtle, S. 160). Die erste Sorte der Zapfen ist besonders empfindlich für blaues Licht, die zweite für grünes Licht und die dritte für rotes Licht. Danach sprechen in unserem Auge nur die grün-empfindlichen Zapfen an, wenn wir eine grüne Fläche betrachten, beim Ansehen einer roten Fläche nur die rot-empfindlichen Zapfen usw. Beim Betrachten einer weißen Fläche sprechen jedoch alle 3 Zapfen gleich stark an. Irgendwelche anderen Farben nehmen wir dadurch wahr, daß die drei Sorten von Zapfen je nach Farbart verschieden stark ansprechen.

Bei schwachem Licht treten die Zapfen nicht in Tätigkeit. Dann beginnt die Funktion der Stäbchen. Sie werden hauptsächlich während der Dämmerung und in der Nacht aktiv. Sie sind bedeutend (8—10mal) lichtempfindlicher als die Zapfen. Sie erkennen keine Farben; diese Bilder sind nicht scharf, jedoch nehmen die Stäbchen besonders gut sich in ihrer Umgebung bewegende Ziele wahr. Die aufgenommenen Bilder stellen nur unscharfe, schwarzweiße Flächenbilder dar.

Nach Krebs (7: Krebs, 1982) sind bei Rind und Pferd nur zwei Arten von Zapfen in der Retina festgestellt (Abb. 13). Ihre Anzahl beträgt nur 6 % der Rezeptoren; ob sie farbempfindlich sind, ist noch nicht bekannt. Mit dieser geringen Anzahl der Zapfen in der Retina kann eine so scharfe Bildauflösung nicht erfolgen, wie sie in der Fovea des Menschen möglich ist.

Beim Menschen findet man auf der Retina an der Stelle, wo die Sehachse auf die Netzhaut trifft, wo die größte Sehkonzentration vorhanden ist, eine besonders große Ansammlung von Zapfen. Es ist die Netzhautgrube oder die Fovea centralis — „gelber Fleck" —. In deren Mitte liegt das Sehgrübchen oder die Foveola mit einem besonders großen Zapfenreichtum. Die Netzhautgrube ist leicht oval geformt und besitzt eine Ausdehnung von ca. 1,5—2,5 mm. Das Sehgrübchen hat einen Durchmesser von 0,2—0,3 mm. Um die Fovea herum liegt eine kleine ringförmige Vertiefung, die eine bessere Lichtaufnahme gestattet. Die Netzhautgrube wird beim Fixieren eines Gegenstandes, Festhalten des Blickes, auf das Objekt gerichtet. Nur ein ruhender Gegenstand kann fixiert werden, nur ein ruhendes Auge kann fixieren, nur dann gibt es ein scharfes Bild. Das Pferd kann nicht fixieren. Beim Menschen durchlaufen die vom anvisierten Ziel ausgehenden reflektierten Licht- und Sehstrahlen, von den Zentren der optischen Medien gebündelt, die Hornhaut, die Linse, den Glaskörper und treffen dann auf die dicht stehenden Zapfen in der Fovea und Foveola, Retina, Netzhaut. Die Photorezeptoren, Lichtaufnahme-Zellen, liegen auf der dem Lichteinfall abgewandten Seite der Netzhaut (Abb. 12), so daß die Strahlen zunächst die davorliegenden Gewebeschichten durchdringen müssen, ehe sie an die Zapfen und Stäbchen gelangen (14: Günter Wittke, 1983, S. 109, Physiologie …). „Die Bilder dürften etwa nahe der Membrana limitans externa zu liegen kommen" (Abb. 12 und 13) (5: Ellenberger-Scheunert, 1925, S. 520/521). „Für die Richtigkeit dieser Annahme spricht folgende Beobachtung: An der Stelle des schärfsten Sehens beim Menschen, der Fovea centralis, fehlt die Gehirnschicht der Netzhaut, so daß nur die dort aus Zapfenzellen bestehende Epithelschicht vorhanden ist, in dieser müssen also die Lichtreize aufgenommen werden." Nach Wittke und Pfeffer, 1983, „findet auf der Ebene der Rezeptoren lediglich eine Transformation, Umformung, physikalischer Reize, Licht, in nervöse Erregung statt. Die optische Wahrnehmung selbst dagegen ist das Ergebnis neuronaler, nervlicher, Verrechnungsprozesse und entsteht erst in bestimmten Feldern des Gehirns", (Abb. 12, 13, 14).

Aus diesem Vorgang ist erkennbar, daß in der „Membrana limitans externa", Grenzschicht, in der Zapfen- und Stäbchenschicht die Bildentstehung beginnt, indem die vom Licht erzeugten physikalischen Reize über chemische Vorgänge in nervöse Erregungen umgewandelt und von hier über bioelektrische Ströme (50 Millivolt) in das Sehzentrum zum Gehirn geleitet werden.

Bei hellem Licht zieht sich die Pupille zusammen und ermöglicht damit das zielgerichtete Sehen. Dabei entsteht in der zentralen Retina ein scharfes Bild bei gleichzeitiger großer Bildauflösung. Dieser Sehvorgang wird als foveales Sehen bezeichnet. Wenn wir vom Sehen sprechen, meinen wir fast immer das foveale Sehen. Dieses foveale Sehen mit direkter Einstellung des Auges auf den Fixierpunkt heißt direktes Sehen. Das Sehen mit den in der Umgebung der Fovea gelegenen Netzhautbezirken wird als indirektes Sehen oder Stäbchensehen bezeichnet. Soll das Licht auf der Netzhaut wahrgenommen werden, so muß es eine gewisse Intensität besitzen, es muß die Reizschwelle überschreiten. Die Zapfen treten bei unter-

Abb. 12 nach Ellenberger-Baum   Vorstufe zur Bildentstehung

Basis der Rezeptoren
membrana limitans externa   äußere Grenzschicht   .... B
Hier Umwandlung der Lichtenergie in bioelektrische Energie

Durchschnitt durch die Retina (rechts)
und Schema der Retinaschichten
(links, nach Greef umgezeichnet)   A

zum Nervus opticus

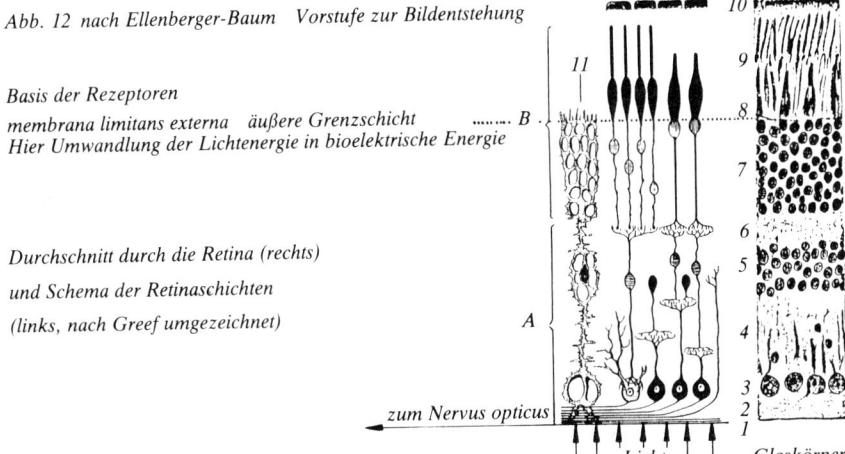

A Gehirnschicht; B Neuroepithelschicht; 1 innere Grenzschicht,
2 Nervenfaserschicht, 3 innere Ganglienzellschicht, 4 innere retikulierte Schicht, 5 äußere
Ganglienzellschicht oder innere Körnerschicht, 6 äußere retikulierte Schicht, 7 äußere
Körnerschicht, 8 äußere Grenzschicht, 9 Schicht der Stäbchen und Zapfen, 10 Pigmentepithel, 11 Stützzelle

Abb. 13 nach Krebs   Die Retina des Rindes   wie beim Pferd

auf dem Bild sind 50 Stäbchen und
3 Zapfen erkennbar; Verhältnis 100:6

Vorstufe der Bildentstehung
Membrana limitans externa

In der Basis der Rezeptoren Umwandlung
der Lichtenergie in bioelektr. Energie.

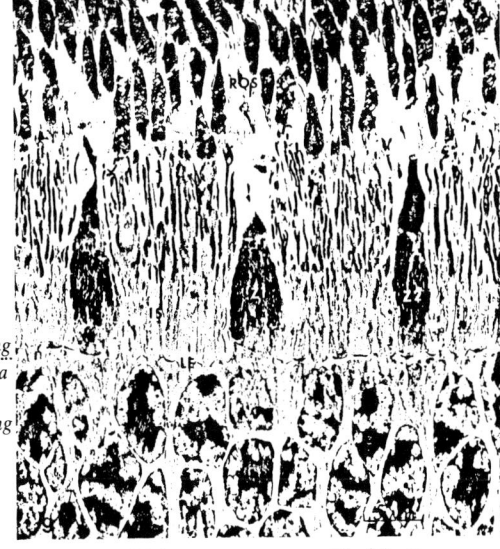

Licht   Glaskörper

Die Schicht der Stäbchen und Zapfen ($\times$ 2800)
LE – Membrana limitans externa; IS – Stäbcheninnensegmente; ROS – Stäbchenaußensegmente; Z_1 – plumper Zapfentyp; Z_2 – schlanker Zapfentyp

Abb. 14 Gut erkennbar die in die Pigmentschicht eingetauchten Receptoren – Guter Kontrast für den Lichteinfall

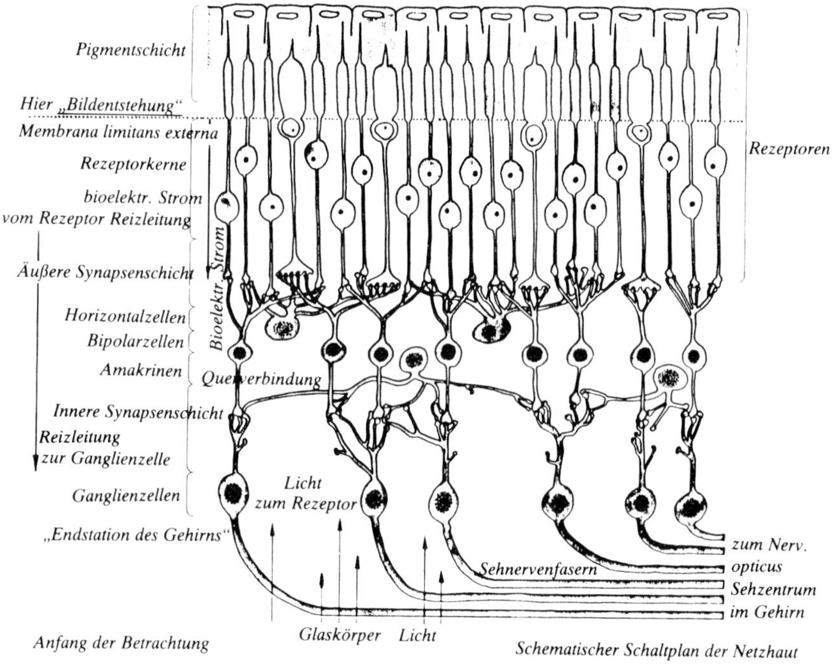

Pigmentschicht
Hier „Bildentstehung"
Membrana limitans externa
Rezeptorkerne
bioelektr. Strom vom Rezeptor Reizleitung
Äußere Synapsenschicht
Horizontalzellen
Bipolarzellen
Amakrinen
Querverbindung
Innere Synapsenschicht
Reizleitung zur Ganglienzelle
Ganglienzellen
Licht zum Rezeptor
„Endstation des Gehirns"
Anfang der Betrachtung
Glaskörper Licht
Rezeptoren
Sehnervenfasern
zum Nerv. opticus
Sehzentrum im Gehirn
Schematischer Schaltplan der Netzhaut

Das Licht löst als elektromagnetische Strahlung in der Pigmentschicht der Retina eine chemische Reaktion in Gegenwart von Rhodopsin und Vitamin A aus. Dabei entsteht im Bereich der Membrana limitans externa der Zapfen und Stäbchen ein bioelektrischer Strom. (Hier erste Bildentstehung.) Dieser wird von hier in den Nervenfasern des Nervus opticus zum Sehzentrum ins Großhirn geleitet. (Dreifache Umwandlung der Energie: – Licht – chemische Reaktion – bioelektrischer Strom):

Abb. 15

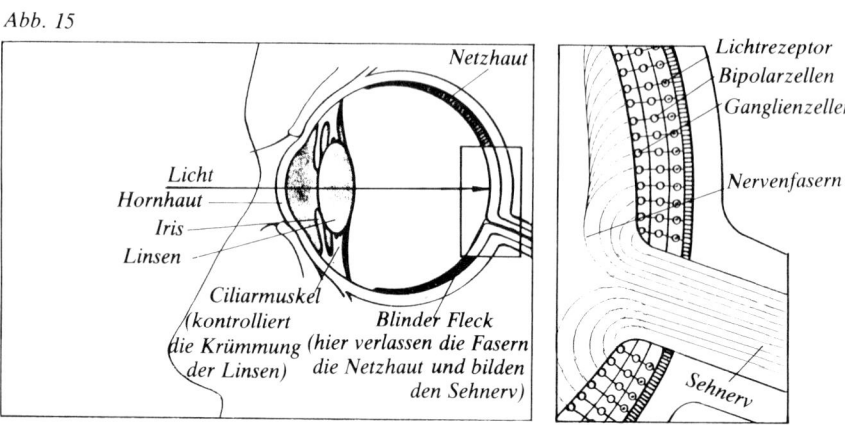

Die Lage der Rezeptoren, Bipolarzellen und Ganglienzellen der Netzhaut, Amakrinen und Horizontalzellen nicht dargestellt.

schwelligem Licht nicht in Tätigkeit. Die Reaktionszeit der Retina liegt je nach Stärke des Lichtreizes zwischen $1/6$ bis ca. $1/30$ Sekunde (5: Ellenberger-Scheunert, 1925, S. 524, und 12: Trotter, 1985, S. 110).

Die Dichte der Zapfen nimmt von der Fovea in Richtung zur Peripherie der Retina ab. In der Fovea befinden sich ca. 135.000, in der Foveola etwa 30.000 Zapfen. Alle fovealen Zapfen sind einzeln geschaltet und stehen direkt über eine Ganglienzelle mit dem Sehzentrum im Gehirn in Verbindung. In diesem hochspezialisierten fovealen Zentrum findet das sogenannte Punktsehen statt, wichtig z. B. für das Zielen beim Schießen. In der weiteren Umgebung der Netzhautgrube sind mehrere Zapfen gruppenweise an eine Nervenfaser angeschlossen. Die Anzahl der Stäbchen wird vom Zentrum zur Peripherie zunächst größer, bis etwa 120.000 je mm^2, sie nimmt aber zum Rande der Retina wieder ab bis zu 20.000 je mm^2 — im Bereich der Ora serrata, der Grenze der sehenden Netzhaut. Insgesamt liegen in der Netzhaut des Menschen 6—7 Millionen Zapfen und 100 bis 125 Millionen Stäbchen, die etwa zu 800.000 Elementarfeldern zusammengeschlossen sind. (Angaben über die Verteilung der Rezeptoren (Aufnahmezellen) bei Mensch und Pferd siehe Abb. 16 und 17). Der Zapfenanteil beträgt beim Pferd nur 6 % in der Retina. Die Zapfen haben eine Flaschenform und eine durchschnittliche Länge in der Fovea, als schlanker Typ, von 0,007 mm, im übrigen Teil der Netzhaut sind die Zapfen etwas kürzer und haben eine Länge von 0,005 mm und einen Durchmesser von 0,0005 mm. Die Stäbchen sind länglich zylinderförmig und etwa 0,006 mm lang und 0,0002 mm dick. Auf den Zapfen und den Stäbchen befinden sich Sehstoffe. Bei den Stäbchen ist es der Sehpurpur — Rhodopsin. Diese Substanz ist von besonderer Bedeutung und ermöglicht hauptsächlich das Dämmerungs- und Nachtsehen. Sie tritt insbesondere bei geringer Leuchtdichte in Tätigkeit und befindet sich auf den Außengliedern der Stäbchen. Bei der Regeneration des Sehpurpurs ist die Anwesenheit des Vitamin A besonders wichtig.

In den Stäbchen ist neuerdings ein hochempfindliches Enzym (PDE) „Phosphodiesterase" entdeckt worden, das ihre Lichtempfindlichkeit sehr steigert. Dieses Enzym ist bisher in den Zapfen nicht gefunden worden. Man glaubt, daß mit dieser Entdeckung die besonders große Lichtempfindlichkeit der Stäbchen erklärt ist. Beide Arten der Rezeptoren besitzen aber dieselben Neurotransmitter (Reizübermittler), die für die Aktivität der Synapsen bedeutsam sind (Rolf H. Latussek in: „Wie Botenstoffe des Lichts die Schleusentore öffnen", „Die Welt", Nr. 226, 28. September 1985, Beilage Wissenschaft).

Man nimmt an, daß die abgesonderten schwarzen Pigmentstoffe an der Bildung der Sehelemente beteiligt sind. Die Rezeptoren liegen direkt in der

Abb. 16 Retina Mensch Trotter graphische Darstellung!

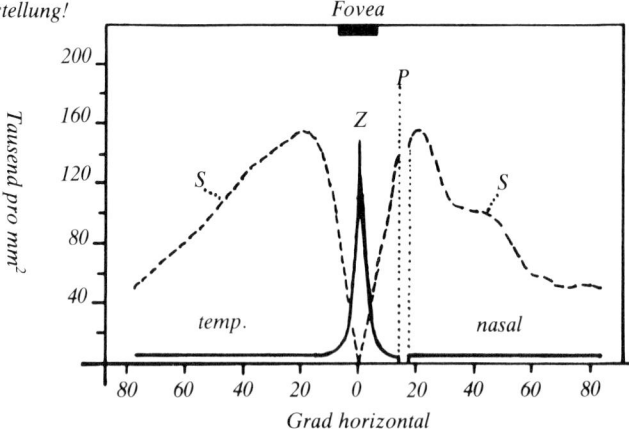

Verteilung der Rezeptoren an verschiedenen Orten der Netzhaut, nach OSTERBERG,
S Stäbchen, Z Zapfen, P Papille (blinder Fleck)

Abb. 17 eigener Entwurf Pferd

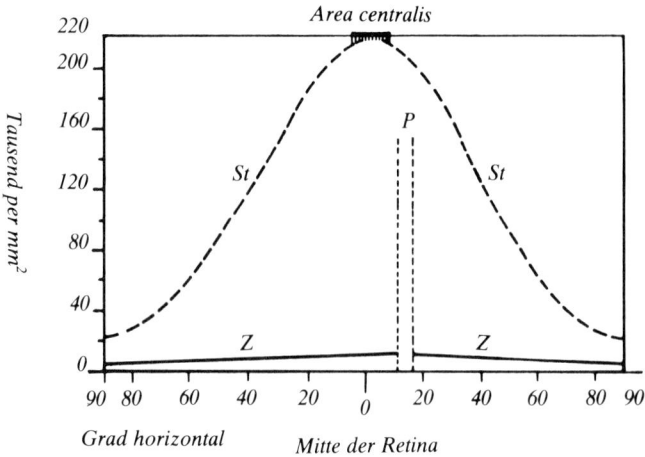

So würde die Verteilung der Rezeptoren auf der Netzhaut des Pferdes sich darstellen nach dem Befund von Krebs.
St – Stäbchen, Z – Zapfen, P – Papille (blinder Fleck)

Die graphische Darstellung erläutert die Verteilung der Rezeptoren in der Retina. Der Unterschied zwischen der Anzahl der Zapfen und Stäbchen in beiden Bildern ist sehr deutlich erkennbar (Buchstabe Z).

Pigmentzone (Abb. 14, 15). Sie hält den Augenhintergrund dunkel und ermöglicht den Rezeptoren, auch die geringste Lichtstrahlung wahrzunehmen. Störende Lichtreflexe können von der Pigmentfläche nicht ausgehen. In diesem Bereich ist es dunkel wie in einer Kamera. Die Rezeptoren befinden sich hier in dem günstigsten Standort des Auges für die Erfüllung ihrer bedeutenden Aufgabe, die sie unter Mitwirkung der Pigmentstoffe ausführen müssen. Dabei werden die einfallenden Lichtstrahlen aufgenommen, in elektrische Energie umgewandelt und sofort dem Sehzentrum zugeleitet. Die Zapfen verlängern sich im Dunkeln und verkürzen sich bei Belichtung, während sich die Stäbchen umgekehrt bei Lichteinwirkung strecken und im Dunkeln verkürzen. Die Zapfen sind Träger des Tagessehens (scharfes Sehen). Ihre Sehstoffe befinden sich noch in der Forschung. Zur Erregung muß jeder einzelne Zapfen mindestens von 8 Lichtquanten (Photonen) getroffen werden. Die Stäbchen sind viel lichtempfindlicher. Sie werden schon von 1 bis 2 Lichtquanten (Photonen) erregt und können deshalb bei schwachem Dämmerlicht noch Gegenstände in der Umgebung wahrnehmen. Sie treten besonders bei weitgeöffneter Pupille in Tätigkeit (unscharfes Sehen).

Diese getrennte Funktion zwischen dem Tagessehen, dem Zapfensehen, mit der Aufnahme scharfer Bilder, und dem Nachtsehen, dem Stäbchensehen, mit unscharfen Bildern, führt beim Menschen zu einem „zweiteiligen" Sehvorgang. Über diesen Vorgang ist man theoretisch gut informiert; er wird jedoch zu einem merkwürdigen Erlebnis, wenn man selbst völlig unvorbereitet davon betroffen wird. Diese Erfahrung mußte ich beim Spaziergang in tiefer Dämmerung bei Windstille und sehr trüber Luft in einer sehr einsamen Umgebung am linken Ufer der breiten Niederelbe machen, direkt gegenüber von Brunsbüttel. Bei diesem Spaziergang bemerkte ich plötzlich rechts von mir in einiger Entfernung ein helles, turmartiges Gebäude. Die Blickwendung nach rechts erfolgte sofort automatisch, um eine genaue Information über diese merkwürdige Erscheinung aufzunehmen. Es war aber kein Bild mehr da! Ich nehme den Kopf wieder nach vorne, denke bei mir, ‚das war ein Irrtum', und gehe weiter geradeaus. Doch auf der rechten Seite erscheint das turmartige Gebäude wieder! Und abermals erfolgt die Blickwendung nach rechts reflektorisch zum „Turm". Und wiederum ist das Bild verschwunden! Ich bin verwundert und frage mich, war es doch ein Spuk? Und setze meinen Spaziergang fort. Dabei denke ich über diese merkwürdige Erscheinung nach. Das Rätsel konnte ich nach kurzer Überlegung lösen. Die Erklärung liegt in der unterschiedlichen Funktion der Retina! Die sehr lichtempfindlichen Stäbchen werden von den seitlich einfallenden schwachen Lichtstrahlen, die vom Turm ausgehen, aktiviert und „melden" davon ein unscharfes Bild. Bei der Blickwendung nach rechts treffen die schwachen Lichtstrahlen auf das zentrale Zapfenzentrum im Auge. Die Lichtmenge ist für die Erregung der Zapfen zu gering, sie sprechen nicht an, und deshalb entsteht im Auge kein Bild. Die Umgebung bleibt dunkel.

Am nächsten Tag prüfe ich die Örtlichkeit und sehe, daß der turmartige Gegenstand tatsächlich ein großer Turm ist (Radarturm für die Sicherung der Schiffahrt).

Dieser Sehvorgang ist beim Pferd ganz anders! Wenn es sich zur gleichen Abendzeit unter denselben Verhältnissen, wie sie eben beschrieben wurden, sich in tiefer Dämmerung befindet, dann treffen die seitlich einfallenden Lichtstrahlen auf die Area centralis des seitlich stehenden Pferdeauges. Sie ist mit einer sehr großen Anhäufung von sehr lichtempfindlichen Stäbchen bekleidet. Das hier empfangene Bild ist sogar heller als beim Menschen, da hier eine größere Anzahl von Stäbchen aktiviert wird. Bei einer Kopfdrehung von 45° nach vorn oder nach hinten wird das Bild immer noch gesehen, denn die gesamte Retina ist mit sehr lichtempfindlichen Stäbchen besetzt. Das elliptisch gebaute Auge des Pferdes läßt durch die elliptisch geformte Pupille besonders in der Dunkelheit mehr Licht auf die breite Retina fallen als beim menschlichen Auge. Aus diesem Grunde sieht das Pferd in der Dunkelheit besser als der Mensch! (Vergleiche Abb. 16 und 17: Gesichtsfeld vom Mensch und Gesichtsfeld vom Pferd, Seite 30.)

Die aus der Außenwelt empfangenen Lichtreize werden von den Enden der Zapfen bzw. der Stäbchen aufgenommen und von hier zu den äußeren Neuriten der Bipolarzellen (Neuronen) über die Synapsen zu den Ganglienzellen geleitet. Ohne weitere Schaltung findet der Übergang zum Nervus opticus statt, der die Verbindung mit ca. 0,8 Millionen Nervenfasern eines jeden Auges herstellt, dem Sehzentrum (Abb. 12 und 14 Chiasma) in den beiden Hinterhauptlappen. Die von der Fovea centralis ausgehenden Nervenfasern nehmen in dem Nervus opticus ein Drittel seiner Gesamtstärke ein und unterstreichen damit die besondere Bedeutung des fovealen Sehens. Ungeklärt ist die Frage, ob sich die Nervenfasern von der Fovea centralis im Chiasma teilen.

Die erwähnten Zwischenschaltstellen, die Synapsen, befinden sich in der Retina, den Nervenfasern und dem Gehirn in größter Zahl und sind für die Fortleitung der Nervenreize von fundamentaler Bedeutung. Als Synapse wird ein Apparat bezeichnet, der zwischen 2 Nervenfasern eingebaut ist. Das eintreffende bioelektrische Signal wird hier gelöscht und in ein biochemisches Signal umgewandelt. Nach dieser Veränderung durchläuft es die Synapse, wird als Übertragersubstanz wieder in bioelektrische Information umgeformt und auf den weiterführenden Nerven übertragen. Da in zahlloser Folge immer neue bioelektrische Reizmeldungen bei weiterfüh-

Abb. 18

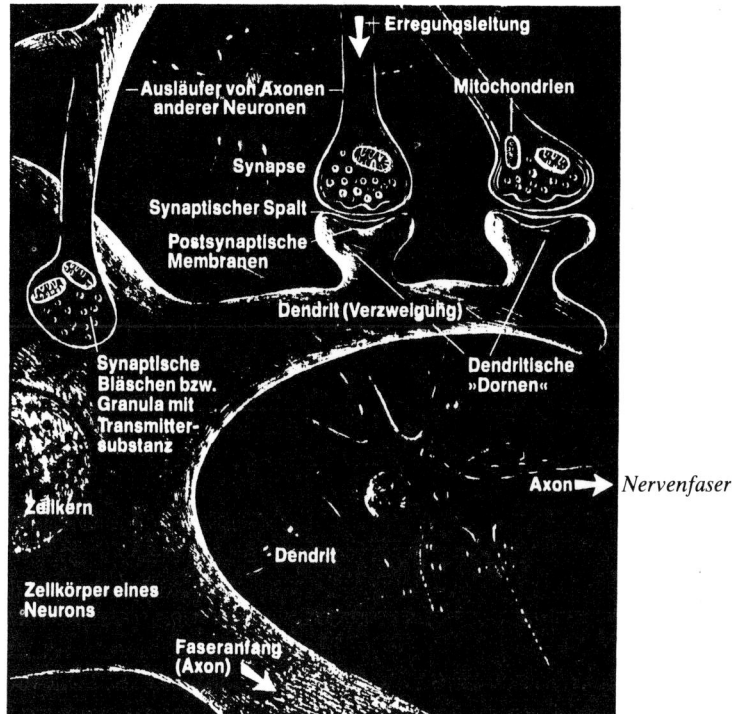

Über Synapsen miteinander verknüpfte Gehirnzellen
Über die Zellkörper und ihre Verzweigungen werden die Impulse empfangen, über die Nervenfasern (Axone) mit ihren Ausläufern und den knopfartigen Synapsen werden die Impulse weitergegeben.
(Die Synapsen sind in diesem Maßstab gegenüber den Zellkörpern in ihrer Größe stark übertrieben.)

Etwa 500 Billionen solcher Schaltstellen oder Synapsen sorgen nun dafür, daß wir gezielt denken und uns erinnern können und daß wir z. B. nicht gleichzeitig sämtliche Erinnerungen unseres Lebens gegenwärtig haben, was einem chaotischen Rauschen, ja einem augenblicklichen Zusammenbruch der Gehirnfunktionen gleichkäme, sondern daß wir durch wenige „passende" Gedankenverbindungen immer nur ganz bestimmte Erinnerungen abrufen.

renden Nerven eintreffen, findet dieses Wechselspiel — Impulseingang, Impulslöschung, Impulswandlung, Impulsweitergabe — für die Dauer der eintreffenden Signale statt. Die elektrische Spannung beträgt, wie schon erwähnt, 50 Millivolt. Dieses Wechselspiel wiederholt sich 50—90mal in der Sekunde. Deshalb kann das Auge z. B. 50—90 Einzelbilder in der Sekunde an das Gehirn weitergeben. Und aus der schnellen Folge dieser feststehenden Bilder entsteht in unserem Vorstellungsvermögen ein naturgetreuer Bewegungsvorgang, ein fließender Ablauf der gesehenen Bildobjekte. Infolgedessen kann jede Änderung in unserer Umgebung sofort wahrgenommen werden. Die Aufnahmeleitung ist für jeden neuen Reiz frei. Im Film genügt schon ein 25facher Bildwechsel in der Sekunde, um den übergangslosen Fortgang der Bildbewegung flimmerfrei zu erkennen. — In neuester Zeit kann eine Hochgeschwindigkeitskamera 2.000—20.000 Vollbilder in der Sekunde aufnehmen.

In vorbildlicher Weise ist somit jedes Lebewesen über die Augen mit seiner Umwelt verbunden. Denn nunmehr genügt ein Blick in die Umgebung, um festzustellen, in welcher Situation sich das betreffende Individuum jeweils befindet.

Die Synapsen, Abb. 18, von denen es reizfördernde und reizhemmende gibt, befinden sich im gesamten Nervensystem des Körpers. Sie können zusätzlich auch jederzeit neu gebildet werden. Nur dadurch ist das Lernen möglich. So kann eine Nervenzelle mit Tausenden anderen Nervenzellen in Verbindung treten. Experten haben errechnet, daß zwischen Milliarden Nervenzellen im menschlichen Körper Billionen Verbindungen im Gehirn hergestellt werden können (9: Lausch, 1972, S. 150). Damit zeigt sich, daß das zentrale und periphere Nervensystem ohne Einbau der Synapsen nicht funktionieren können. Da die Signale nur in einer Richtung weitergeleitet werden, kann es auf einer Leitung nie entgegenkommende Impulse geben, und es kann nie eine Verwirrung entstehen. Denn zentral und peripher meldende Nervenbahnen sind getrennt, siehe Abb. 18.

II. Teil: Bau- und Funktion der Sehnerven bis zum Sehzentrum

Die von den Augen aufgenommenen Reize werden durch den rechten und linken Nervus opticus über je 800.000 Nervenfasern zum Gehirn geleitet. Auf dieser Bahn findet im Chiasma opticum eine teilweise Kreuzung der Nervenfasern statt, wobei sich die Nervenbahnen aus den größeren nasalen-medialen-mittleren Netzhauthälften beider Augen überschneiden, sich kreuzen, während die Nervenbahnen aus den kleinen, temporalen-seitlichen Hälften der beiden Netzhäute ohne Kreuzung verlaufen. Der Nervenstrang — Tractus — aus der nasalen Netzhaut ist ca. 20 % stärker als der aus der seitlichen Netzhaut. Der so umgebaute Nervus opticus verläßt das Chiasma als linker und rechter Tractus opticus und läuft über die seitlichen Kniehöcker zum linken und rechten Sehzentrum, die jeweils im

Abb. 19   zum Sehzentrum   siehe Faserkreuzung

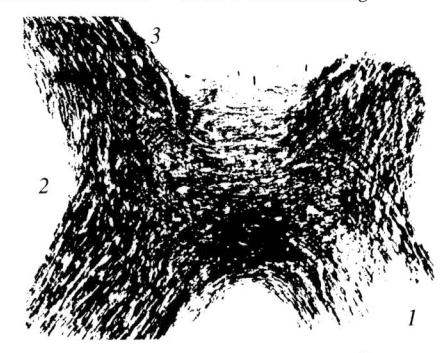

Mensch

vom Auge

Chiasma, Horizontalschnitt.   Mikrofoto N 4:1.
1 Sehnerv, 2 Chiasma, 3 Traktus   Trotter, 1985, S. 63
(Aus LYLE, Neuro-Ophthalmology. C. Thomas Publisher, Springfield/USA, 1954).

Abb. 20   zum Sehzentrum   Faserkreuzung

vom Auge

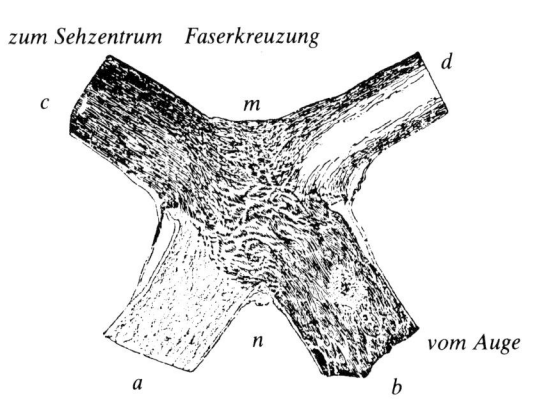

Pferd

Horizontalschnitt durch das Chiasma eines Pferdes mit linksseitiger Bulbusatrophie.
Weigert-Präparat 6:1
m kaudale und n nasale Kante des Chiasma; a degenerierter linker N. opticus; b normaler rechter N. opticus, c linker Tractus opticus, d rechter Tractus opticus, an der nasalen Kante normale, aus dem gleichseitigen Nerven stammende Fasern enthaltend. An der kaudalen Kante beider Tractus normale Bündel der Guddenschen Kommissur.

Die Abb. 20 zeigt das Chiasma opticum von einem linksseitig erblindeten Pferd. Der vom linken Auge kommende Nervus opticus a besitzt keine Nervenfasern mehr, der vom rechten gesunden Auge kommende Nervus opticus b ist voll mit gesunden Nervenfasern besetzt. Er teilt sich im Chiasma und verläuft zu 80 % nach links als Tractus opticus c zum linken Sehzentrum, die restlichen 20 % gehen auf der rechten Seite als rechter Tractus opticus d zum rechten Sehzentrum. Da von a keine Nervenfasern kommen, sind c und d kleiner im Querschnitt als normal.

Abb. 21 Pferd rechtes Auge

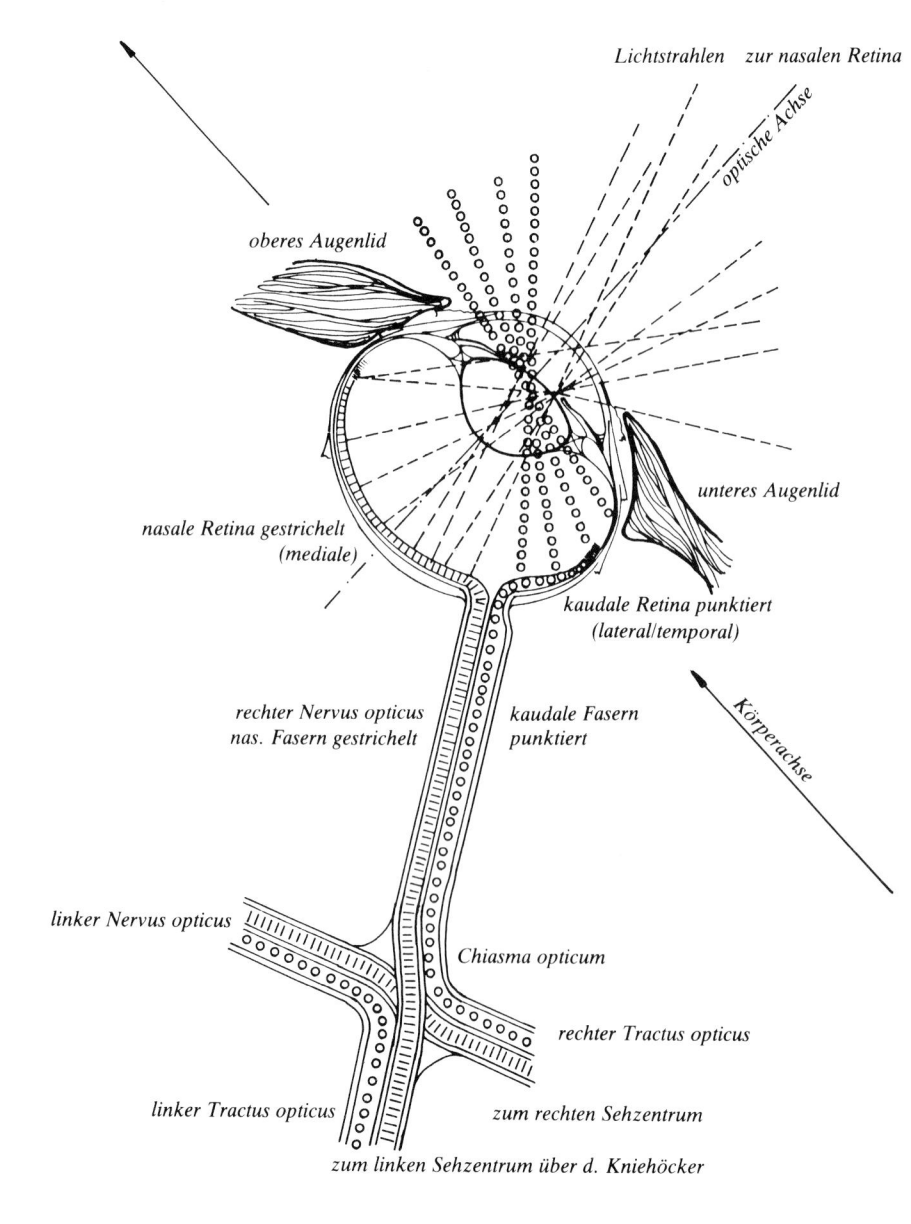

Auf diesem Bild wird der Aufbau der Retina dargestellt und gezeigt, warum das Pferd nach hinten seitwärts ein viel größeres Gesichtsfeld hat als nach vorn seitwärts.

hinteren Teil der linken und rechten Gehirnhälfte liegen.

Bevor der Tractus opticus das Sehzentrum erreicht, gibt er noch Fasern ab für den Pupillarreflex und die Akkommodation der Linse.

Der starke Anteil der Nervenfasern, der von der Fovea centralis beim Menschen ausgeht, endet wahrscheinlich ohne Kreuzung auf einem besonders großen Feld im Sehzentrum des Menschen jeweils in der linken und in der rechten Großhirnrinde, Abb. 23. Die beiden Großhirnhälften sind miteinander durch die „Brücke" oder den Hirnbalken verbunden. Die darin verlaufenden Nervenfasern übermitteln Informationen von der einen Gehirnhälfte zur anderen, wie auch zwischen beiden Sehzentren.

Die teilweise Nervenkreuzung des linken und rechten Nervus opticus im Chiasma führt dazu, daß in jede Sehrinde aus beiden Augen Nervenbahnen eintreten. So tritt in die linke Sehrinde die laterale (seitliche) Nervenbahn vom linken Auge und die nasale Nervenbahn vom rechten Auge ein. Zur rechten Sehrinde führen die laterale (seitliche) Nervenleitung vom rechten Auge und die nasale Nervenleitung vom linken Auge.

Diese komplizierten Verhältnisse werden zum besseren Verständnis in den Abb. 19, 20, 21, 22 zeichnerisch dargestellt. Die Abb. 21 stellt das rechte, seitlich stehende Auge des Pferdes im Querschnitt mit den einfallenden Lichtstrahlen dar, dem Nervus opticus und dem Chiasma opticum. Die von seitwärts rückwärts kommenden Strahlen treffen auf die nasale Fläche der Retina. Sie ist im Bild gestrichelt, besitzt eine viel größere Ausdehnung und viel mehr Lichtrezeptoren als die kaudale, seitwärts gelegene Teilfläche der Retina, die in der Zeichnung punktiert ist. Die aus dem größeren, nasalen Teil der Retina und aus dem kleineren kaudalen Teil der Retina kommenden Nervenfasern vereinigen sich nach Verlassen des Auges in dem rechten Nervus opticus, worin der nasale Anteil (gestrichelt) etwa 60 % und der kaudale Anteil (punktiert) etwa 40 % beträgt. Im Chiasma opticum treffen sich der rechte und der linke Nervus opticus.

Bei dieser Begegnung kreuzen sich nur die nasalen stärkeren Nervenbahnen (gestrichelt) der beiden Nerven, so daß die nasalen stärkeren Nervenfasern vom rechten Auge zum linken Sehzentrum und die vom linken Auge zum rechten Sehzentrum verlaufen. Die schwächeren Nervenzüge (punktiert) verlaufen ohne Kreuzung vom rechten Auge zur rechten und vom linken Auge zur linken Sehrinde. Mit dieser Nervenkreuzung sind auch die aus der medialen Retina kommenden Sehnerven in die Strategie der körperlichen Nervenversorgung so eingebaut, daß die rechte Gehirnhälfte die linke Körperseite und die linke Gehirnhälfte die rechte Körperseite zum großen Teil versorgt.

Zwischen dem Chiasma opticum und dem Sehzentrum (Sehrinde), wie bereits erwähnt, sind die seitlichen Kniehöcker in den Tractus opticus eingebaut (Abb. 24). Sie bilden eine Ansammlung von sechs übereinanderliegenden Schichten. Die Schichten eins, vier und sechs sind mit den gekreuzten Nervenfasern aus den medialen (mittleren) Netzhauthälften, die Schichten zwei, drei und fünf sind mit den ungekreuzten Fasern aus den lateralen (seitlichen) Netzhautfeldern verbunden. In den Kniehöckern teilt sich jede einzelne Nervenfaser in mehrere Endbäumchen auf. Diese stehen wiederum einzeln in Verbindung mit solchen Nervenzellen, deren Nervenfasern direkt ins Sehzentrum führen. Nach dieser Umschaltung ist jeder Punkt im Gesichtsfeld über 30—36 Nervenfasern mit dem Sehzentrum verbunden (12: Trotter, 1985, S. 65; 16: Spektrum der Wissenschaft: „Wahrnehmung und visuelles Sehen", S. 40).

Jede Sehrinde im Sehzentrum des Menschen besitzt eine Fläche von $30\,cm^2$ = $3.000\,mm^2$. Die Anzahl der darin befindlichen Nervenzellen – Neuronen – ist bedeutend größer als in der Retina, die nur eine Fläche von $760\,mm^2$ besitzt. So sollen sich in der Area striata des Sehzentrums auf jeder Seite 1.400 Millionen — das sind 1,4 Milliarden — Neuronen befinden. Ein Quadratmillimeter des Netzhautgrübchens (Foveola) soll eine Fläche von $5\,cm^2$ = $500\,mm^2$ im Sehzentrum (Area striata = gestreifte Area) beanspruchen (Abb. 23). Die Foveola in der Retina ist etwa $2\,mm^2$ groß. Sie beansprucht in der Sehrinde (Sehzentrum) eine Fläche von $2 \times 500\,mm^2$ = $1.000\,mm^2$, das ist der dirtte Teil der Gesamtfläche von $3.000\,mm^2$! Diese Feststellung ist beachtenswert, denn im Nervus opticus nimmt der von der Fovea ausgehende Nervenstrang auch den dritten Teil der Gesamtstärke ein. Hiermit ist die Bedeutung der kleinen Fovea am Gesamtvorgang des Sehens beim Menschen besonders herausgestellt. Denn die Retina im Auge besitzt eine Fläche von $760\,mm^2$, die Fovea eine solche von $4\,mm^2$. Damit stehen für die ca. $4\,mm^2$ große Fovea in der Sehrinde $1.000\,mm^2$!, für die restliche Retinafläche von ca. $765\,mm^2$ nur noch $2.000\,mm^2$ in der Sehrinde zur Verfügung!

Diese überaus starke Anreicherung von Neuronen (Nervenzellen) in den verschiedenen Abschnitten des Sehzentrums ermöglicht dem Menschen, die von den Augen aufgenommenen Bilder genau aufzugliedern und über andere Nervenbahnen in weitere Abschnitte und Zentren des Gehirns zu leiten (12: Trotter, 1985, S. 67).

Ob eine so starke Vermehrung von Neuronen im Sehzentrum des Pferdes auch stattgefunden hat, ist nicht bekannt. Sie ist auch nicht erforderlich, denn in der kleinen Großhirnrinde des Pferdes gibt es solche Zentren nicht, wie sie in größter Zahl in der Großhirnrinde des Menschen vorhanden sind.

Abb. 22 Mensch Chiasma opticum Trotter, S. 64

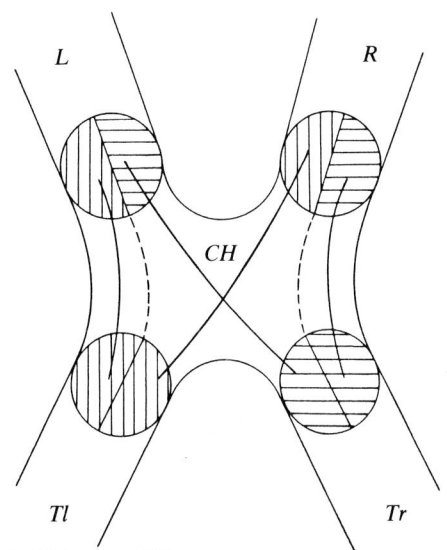

Schema des Faserverlaufes im Chiasma CH.
L linker Sehnerv, R rechter Sehnerv, Tl linker Tractus, Tr rechter Tractus, rechte Netzhauthälften (linke Gesichtsfeldhälfte), linke Netzhauthälften (rechte Gesichtsfeldhälfte).

Abb. 23 Mensch Li. Großhirnhälfte mit linkem Sehzentrum
Trotter, 1985, S. 66

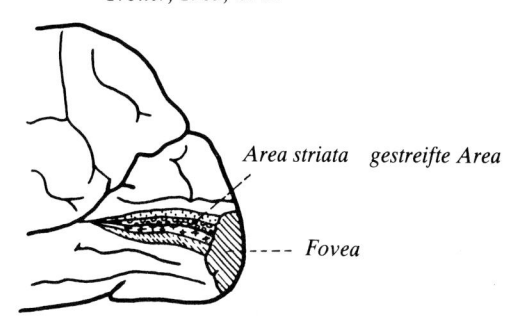

Area striata gestreifte Area
---- Fovea

Die im Sehzentrum eintreffenden Reize sind ständig Veränderungen unterworfen und richten sich nach der Lichtmenge, der Größe der Pupille und dem ständigen Wechsel unserer Umgebung.

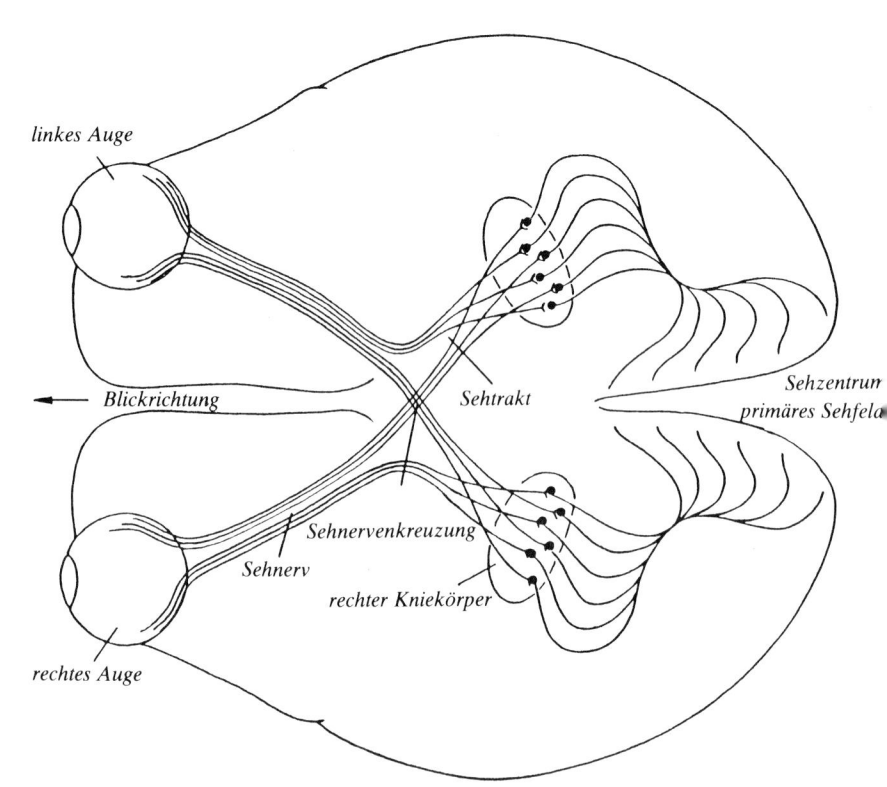

Abb. 24 Die seitlichen Kniekörper als Zwischenschaltstation Mensch

Diese Zeichnung zeigt den Weg, auf dem visuelle Informationen von den Augen zum primären Sehfeld gelangen: Von den Ganglienzellen der Netzhäute ausgehende Nervenfasern ziehen – zum Sehnerv gebündelt – zu den äußeren Kniekörpern, deren Zellen ihrerseits durch Nervenfasern unmittelbar mit den Zellen des primären Sehfeldes verbunden sind. Die Zeichnung entspricht einem Blick von unten in das Gehirn eines Menschen. Sie skizziert die sechs Schichten der Kniekörper durch je eine Nervenzelle und läßt erkennen, daß diese Schichten jeweils nur mit Signalen vom linken oder vom rechten Auge versorgt werden. Ein Teil der von den Netzhäuten kommenden Nervenfasern überkreuzt sich vor Erreichen der Kniekörper, so daß die linken Hälften beider Netzhäute (und damit die rechte Hälfte des Gesichtsfeldes) auf das in der linken Hirnhälfte liegende primäre Sehfeld projiziert wird.

Bild aus „Wahrnehmung und visuelles Sehen", Seite 40, in Spectrum der Wissenschaft, Februar 1987 bei Trotter – Kniehöcker

Beim alltäglichen Sehen sind nie alle am Sehvorgang beteiligten Zellen gleichzeitig aktiv. Jede Zellgruppe hat ihr eigenes Aufgaben- und Arbeitsgebiet. Beim Menschen sind diese Ein- und Umschaltungen sehr variabel. Ausfälle können dabei kompensiert werden. Zumal es außer den Sehnervenkreuzungen im Chiasma noch weitere Nervenverbindungen über die Brücke oder den Gehirnbalken zwischen dem rechten und dem linken Sehzentrum gibt.

In der Sehrinde werden die von den Lichtrezeptoren in der Netzhaut empfangenen Reize als Punkte aufgenommen. Aus der Menge der dort entstandenen Punkte setzt sich das Bild zusammen. Je mehr Punkte an dem Bau des Bildes beteiligt sind, desto schärfer und genauer wird es. So erzeugen die vielen in der Fovea liegenden und einzeln geschalteten Zapfen ein sehr scharfes Bild = direktes Sehen. Während die aus den Elementarfeldern der seitlichen Retina kommenden Reize auf einer Nervenfaser von 1.000 und mehr Rezeptoren eine Sammelmeldung enthalten und nur ein weniger scharfes Bild erzeugen = indirektes Sehen.

Im Gegensatz zur Retina im menschlichen Auge (auch bei Affe und Hund) ist die Retina im Auge des Pferdes völlig anders aufgebaut und besitzt keine Fovea centralis und keine Foveola. Ihr entspricht die lateral von der Papille gelegene runde Area centralis und die streifenförmige Linea centralis, deren histologischer Aufbau sich von der Fovea centralis des Menschen wesentlich unterscheidet und nach Krebs je mm^2 230.000 Stäbchen und nur 15.000 Zapfen besitzt. Beim Pferd (auch Rind und Schwein) verläuft die streifenförmige Area centralis quer über den Augenhintergrund oberhalb der Papilla optica. Sie ist weniger scharf organisiert und dient dem monocularen Sehen (7: Krebs, 1985, S. 24; 5: Ellenberger-Scheunert, 1925, S. 521 und 523): s. Abb.6, 25). Aufgrund der unterschiedlichen Ausdehnung des Bulbus bei Mensch und Pferd hat auch die Fläche der Retina eine unterschiedliche Größe. Die Flächengrößen der Netzhaut lassen sich berechnen, wenn man annimmt, daß die mit Sehepithel besetzte Retina (hintere Fläche des Bulbus) so groß ist wie die Oberfläche einer halben Kugel, die gerade die innere, hirnseitige Wand des Bulbus auskleidet. Der Radius dieser Kugel beträgt beim Menschen ca. 11 mm und beim Pferd ca. 20 mm. Die Berechnung der Kugeloberfläche ergibt sich aus der Formel = $4 \pi r^2$, der Halbkugel = $2 \pi r^2$, beim Menschen = 760 mm^2, beim Pferd = 2.500 mm^2. Da die Augen des Pferdes und des Rindes annähernd gleich gebaut sind, werden die nachfolgend errechneten Ergebnisse für das Pferdeauge eingesetzt (4: Ellenberger-Baum, 1926, S. 933). Auf der Area centralis hat Krebs (7: Krebs, S. 24) je mm^2 230.000 Stäbchen und 15.000 Zapfen gefunden. Ihr Verhältnis zueinander beträgt 15 : 1 mit überwiegender Mehrheit der Stäbchen und nur 6 % Zapfen. Zur Peripherie der Retina wird die Anzahl der Rezeptoren kleiner, das Verhältnis 15 : 1 zwischen Stäbchen und Zapfen bleibt aber erhalten.

Nimmt man an, daß die **Area centralis I** etwa 200 mm^2, die **mittlere** Zone in der Retina **II** etwa 1.500 mm^2 und die **Randzone** der Retina **III** etwa 800 mm^2

groß sind, dann haben in der folgenden Modellrechnung mit den **angenommenen** Zahlenwerten die

Area centralis I	je mm^2	245.000 Rezept.
	bei 200 mm^2	= 49,5 Millionen Rez.
mittlere Zone II	je mm^2	60.000 Rezept.
	bei 1.500 mm^2	= 90,0 Millionen Rez.
Randzone III	je mm^2	30.000 Rezept.
	bei 800 mm^2	= <u>24,0 Millionen Rez.</u>

so beträgt die Anzahl der Rezeptoren — auf der größeren Fläche der mit Sehepithel besetzten Retina des Pferdes = 2.500 mm^2. <u>163,5 Millionen Rez.</u>

Auf der ganzen Fläche der Retina des **menschlichen** Auges mit einer Größe von 760 mm^2 befinden sich 132 Millionen Photorezeptoren. Die Netzhautfläche im Auge des Pferdes hat eine Größe von 2.500 mm^2, auf der 163,5 Millionen Rezeptoren vorhanden sind. Um einen Vergleich zwischen der Rezeptordichte auf der Retina des Menschen und der des Pferdes anstellen zu können, muß die Anzahl der Rezeptoren berechnet werden, die sich beim Pferd auf 760 mm^2 befindet. — Denn von der Dichte der Rezeptoren hängt die Sehschärfe ab. — Bei dieser Berechnung werden für die Fläche von 760 mm^2 im Pferdeauge 49 Millionen Rezeptoren, davon 6 % = 2,9 Millionen Zapfen ermittelt. Dagegen befinden sich im menschlichen Auge auf der Retinafläche von 760 mm^2 eine Anzahl von 132 Millionen Rezeptoren, davon 7 Millionen Zapfen. So ergibt sich, daß der Mensch auf 760 mm^2 Retinafläche **in jedem Auge** für die Bildentstehung eine 2,6mal dichtere Besetzung mit Photorezeptoren besitzt als das Pferd. Dabei ist besonders zu beachten, daß die im menschlichen Auge zentral gelegene **Zapfenzone,** die Fovea, für die Bildwiedergabe von ganz großer Bedeutung ist. Deshalb muß die Sehschärfe des Menschen wesentlich größer sein als die des Pferdes (14: Wittke-Pfeffer, 1983; S. 109; Abb. 16 und 17). Weiterhin ergibt sich, daß der binocular sehende Mensch mit **2 Augen** das anvisierte Ziel als **ein Bild** sieht, so daß für die Bildentstehung 2 x 132 Millionen Rezeptoren, insgesamt also 264 Millionen Rezeptorzellen in Tätigkeit treten. Außerdem ist die Sehschärfe des menschlichen Auges deshalb noch besonders groß, weil die Rezeptoren in der menschlichen Retina 2,6mal dichter stehen als beim Pferd, so daß auf gleicher Fläche im Sehzentrum des Menschen 2,6mal mehr Bildpunkte entstehen als beim Pferd. Das monocular sehende Pferd sieht nur mit einem Auge das Bild im seitlichen Gesichtsfeld. Aus diesen Überlegungen kommen wir zu dem Ergebnis, daß der Mensch bei Tageslicht eine 4,6mal größere Sehschärfe besitzt als das Pferd (2,6mal dichter stehende Rezeptoren, die Sehkraft von

2 Augen für ein Bild). Ergänzend hierzu schreiben Ellenberger-Scheunert 1925 (5: S. 523): Der Umstand jedoch, daß die runde bzw. Streifenarea der höheren Säuger relativ zapfenarm ist, zwingt zu der Annahme, daß ihre Sehleistung für ruhende, d. h. fixierte Objekte, **erheblich** hinter der des Menschen (Affen und Hunde) zurücksteht. Weit wichtiger als das foveale, direkte Sehvermögen ist für die Tiere (Pflanzenfresser) das Erkennen sich **bewegender** Objekte unter Verwendung größerer Netzhautflächen (Stäbchensehen). Es ist anzunehmen, daß dasselbe in wesentlich höherem Maße bei ihnen ausgebildet ist als beim Menschen und als Ersatz für das mangelhaft entwickelte zentrale, foveale Sehvermögen dient (5: Ellenberger-Scheunert, 1925, S. 521 und 523).

Das Pferd zeigt beim Aufsuchen seines Stalles in großen, schlecht beleuchteten Gebäuden ein unsicheres Verhalten, wenn es in vielen Gängen nach seiner Box suchen muß. Hier erfolgt die Nahorientierung mehr mit den anderen Sinnesorganen als mit den Augen. Auch die Hell-Dunkel-Adaption erfordert bis zum Eintritt im Auge eine gewisse Zeit. Daher streckt das Pferd den Hals und den Kopf nach vorn und nimmt bei der Suche nach seinem Platz die Nüstern und die Spürhaare zur Hilfe.

Aus diesem Grunde sollte man das Pferd beim Aufsuchen seines Platzes in großen, ihm unbekannten Gebäuden, niemals durch Prügel zur Eile antreiben, sondern in Ruhe darauf warten, bis es seinen Stand gefunden hat!

In der Abb. 25 wird die Retina des Rindes und des Pferdes mit der runden Area centralis und der Area centralis linearis dargestellt, die quer über den Augenhintergrund verlaufen (Rind und Pferd). (4: Ellenberger-Baum, 1926, S. 924). Nach Krebs (7: 1985, S. 24) befindet sich in diesem Bezirk eine gro-

*Abb. 25   Hintergrund des rechten Auges vom Rinde (nach Zürn/1074)
            seitlich lateral*

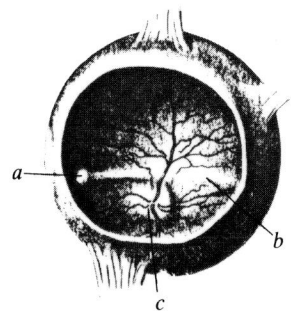

*a runde, b streifenförmige Area centralis retinae, c Papilla nervi optici mit eintretenden Retinagefäßen.
Ellenberger-Baum*

ße Anhäufung von Rezeptoren (230.000 Stäbchen, 15.000 Zapfen). Die beste Bildqualität wird im Auge des Pferdes also an dieser Stelle entstehen. Alle parallel zur optischen Achse einfallenden Lichtstrahlen und ein Teil der Schrägstrahlen erzeugen auf der Area centralis ein mäßig scharfes schwarzweißes Flächenbild, auf dem solche Objekte gut **sichtbar** werden, die sich bewegen. An der Bildentstehung sind zu 94 % Stäbchen und zu 6 % Zapfen beteiligt. Wegen des geringen Zapfenanteils sind die Akkommodation, die Bildschärfe und das Farbensehen sehr schwach. Die Ellipsenform der Pupille und die flache Kugelform des Bulbus begünstigen den seitlichen Lichteinfall.

Die Ausführung von Sehprüfungen, wie sie beim Menschen vorgenommen werden (Lesetafel), ist bei den Tieren nicht möglich. Wir müssen bei der Beurteilung der Sehschärfe der Tiere von den Erkenntnissen ausgehen, die wir durch exakte Untersuchungsmethoden an ihren Augen und ihrem Sehvermögen gefunden haben. Dabei ist festzustellen, daß das Auge jedes Lebewesens seiner Umgebung angepaßt ist, in der es seit Millionen von Jahren lebt bzw. überlebt hat. So haben die Tagvögel in ihrer Netzhaut einen sehr großen Reichtum an Zapfenelementen und eine ganz hervorragende Sehleistung. Sie fliegen z. B. mit großer Geschwindigkeit durch ein dichtes Gebüsch, ohne sich dabei zu verletzen. Der Raubvogel sieht und schlägt mit sicherem Fang aus großer Höhe die kleine Maus auf dem Feld. Umgekehrt liegen die Verhältnisse bei den Nachttieren, wie Eule, Igel u. a., bei denen die Netzhaut fast ganz mit Stäbchen besetzt ist. Sie sind äußerst lichtempfindlich und vorzüglich zum Dämmerungs- und Nachtsehen eingerichtet. Die Tagraubvögel müssen bei Tage, die Nachttiere in der Dunkelheit ihre Nahrung suchen. Alle diejenigen Lebewesen, die ihre Nahrung greifen müssen, wie Mensch, Affe, Katze, Raubtiere usw., müssen scharf sehen und mit genauer Entfernungsschätzung ihr anvisiertes Objekt erkennen. Nur genaue Informationen zeigen ihnen, wie weit ihre Nahrung von ihnen entfernt ist, damit sie diese erfassen können. Würde z. B. der Affe immer vorbeigreifen, wenn er die Banane haben oder wenn er im Sprung einen anderen Ast im Baum ergreifen wollte, würde die Katze immer vorbeischlagen, wenn sie die Maus fangen wollte, dann müßten diese Lebewesen verhungern und ihre Existenz verlieren.

Beim Pferd liegen diese Verhältnisse ganz anders. Als Herdentier entstammt es der weitflächigen Steppe und den ausgedehnten Weidegebieten. Zur Futteraufnahme ist kein Punktsehen, foveales Sehen, nötig. Um diese Gebiete genauer zu überblicken, muß das Pferd als Pflanzenfresser vorzüglich in seine weite Umgebung blicken können. Der Futterbedarf ist groß. Deshalb besitzt es im Gegensatz zu den Raubtieren einen hohen Körperbau, einen langen Hals und kann somit bei erhobenem Kopf große

Flächen überblicken. Der gut entwickelte Hals erlaubt dem Pferd außerdem eine Kopfbewegung nach allen Seiten, so daß die seitwärts stehenden Augen bei erhobenem Kopf verdächtige Bewegungen fremder Lebewesen rechtzeitig bemerken. Der niedrig gebaute Löwe schleicht sich in der Steppe vorsichtig an das Pferd heran. Er führt seinen Angriff immer von hinten seitwärts aus, nie von vorn. So erlaubt die seitliche Augenstellung dem Pferde, den anschleichenden Feind rechtzeitig zu erkennen und den feindlichen Angriff durch die sofortige Flucht abzuschlagen. Deshalb ist es ganz natürlich und erforderlich, daß die Augen des Pferdes nicht direkt frontal an der Stirn, sondern mehr seitlich am Kopf stehen und der Blick leicht nach unten gerichtet ist. Außerdem ist der Augapfel anders gebaut als beim Menschen. Diese Augenstellung ist deshalb für die natürliche Lebensweise des Pferdes erforderlich und zweckmäßig.

Aus der Haustierhaltung erwächst dem Pferd ein neues Aufgabengebiet, wobei es in enger Gemeinschaft mit dem Menschen leben muß. Auch der Mensch muß den Umgang mit Pferden erlernen und wissen, daß das Pferd als Haustier seine Aufgaben nur unter strenger Zügelführung erfüllen kann. Der Reiter bzw. der Fahrer muß die Schwachstellen im Verhalten des Pferdes kennen, er muß wissen, daß das Pferd monocular nach beiden Seiten sieht. Daher kann das Pferd einen Gegenstand gleichzeitig mit beiden Augen nicht sehen. Vielmehr wird von jedem Auge ein anderes Bild zu dem Sehzentrum geleitet, eins von der rechten und eins von der linken Seite. Ob und wie vom übergeordneten Nervenzentrum eine Koordinierung dieser verschiedenen Meldungen vorgenommen werden kann, ist unbekannt. Jedenfalls können auch gleichzeitig zwei in ihrer Bedeutung verschiedene Botschaften im Sehzentrum eintreffen, z. B. eine „gute" vom rechten und eine „schlechte" Meldung vom linken Auge. Solche Zufälle erhöhen die Nervosität des Pferdes, und es könnte vorkommen, daß es unschlüssig wird und nicht weiß, wie es reagieren soll. Es befindet sich in einem Schreckzustand und setzt sofort zur Flucht an.

Die Reaktionsweise ist bei den einzelnen Pferden und Pferderassen verschieden und richtet sich nach ihrem Temperament und Charakter, ihrer Erfahrung und Intelligenz. Einige Pferde zeichnen sich durch Ruhe und Gelassenheit aus, andere sind sehr unruhig, nervös oder aufgeregt. Sehr gut genährte „rohe" Pferde geraten eher in Erregung als normal genährte, angelernte und trainierte Pferde.

Dennoch ist kein Pferd sicher vor dem Eintritt einer Schrecksituation, in der es die Besinnung verliert, in der es scheut und sofort eine panische Flucht ergreift, die oft mit schwersten Folgen für Reiter, Wageninsassen oder für die Pferde selbst endet. In der Regel treten diese Reaktionen dann ein, wenn plötzlich aus naher Umgebung besondere, dem Pferd unbekannte

Abb. 26 Foto: Kordländer

starke Reize über die Sinnesorgane dem Zentralnervensystem gemeldet werden wie: auffliegendes Papier, aufspringender Hase am Wegesrand, laut spielende, stark gestikulierende Kinder usw. ...

Da vornehmlich optische, weniger akustische Reize bei dem von Natur aus furchtsamen Pferde eine ganz plötzlich entstehende panische Flucht hervorrufen, wobei die Wagenpferde über eine lange Leine vom Fahrer schwer zu lenken sind, hat man sich nach der Anwendung einer wirksamen Beruhigungsmethode umgesehen. Mit großem Erfolg sind die „Scheuklappen" zum Einsatz gekommen, die am seitlichen Kopfteil der Trense befestigt werden und in einfacher, idealer Weise die Pferde dadurch beruhigen, daß über das Auge fast keine Meldungen von der Außenwelt empfangen werden können. Die Pferde bleiben nunmehr ruhig und folgen gehorsam der Leinenführung des Fahrers, selbst im dichten städtischen Straßenverkehr oder auch auf dem Turnierplatz. Beim Ein- oder Mehrspänner, bei kurzer oder bei langer Leine, immer am straffen Zügel, folgen die eingefahrenen Wagenpferde, durch Scheuklappen beruhigt, dem Wunsch des Fahrers immer in jeder Umgebung widerstandslos. Sie sind fast „blind".

Das Reitpferd geht ohne Scheuklappen. Wenn es scheut, muß es vom Reiter durch geeignete Zügelführung oder durch Schenkeldruck und über den Sattel durch Gewichtsverlagerung beruhigt werden. Der kurze Zügel ermöglicht eine bessere Beeinflussung des Reitpferdes als die lange Leine bei den Wagenpferden. Auch das wachsame Auge des Reiters kann durch vorbeugende Anwendung geeigneter Maßnahmen das Pferd vor dem Scheuen bewahren. Dabei dient auch eine gute Zusprache oder ein Streicheln des Halses der Beruhigung.

Trotz guter Zügelführung kommt es aber immer wieder beim Springturnier vor, daß ein Pferd gegen das aufgestellte Hindernis läuft und die Stangen abwirft, als wären sie gar nicht vorhanden gewesen. Wahrscheinlich hat das Pferd in diesem Fall das Hindernis gar nicht gesehen. Deshalb ist in dem zentralen Bewegungszentrum des Gehirns gar keine Meldung zum Springen eingetroffen, und somit konnte der Befehl nicht gegeben werden: „Achtung, Hindernis, jetzt springen!" Der Reiter hat in diesem Fall das Hindernis selbstverständlich gesehen, denn es liegt im Bereich seines fovealen, nach vorn gerichteten Sehens. Aber die von dem Hindernis ausgehenden Lichtstrahlen sind von den seitlich stehenden Augen des Pferdes nicht aufgenommen worden.

Bei dieser Überlegung tauchen die Fragen auf: Wie weit kann das Pferd bei gerader Kopfhaltung nach vorne sehen? Wie groß ist sein Gesichtsfeld? Wo liegen dessen Grenzen? In der Definition heißt es: „Als Gesichtsfeld bezeichnen wir den Raum, aus dem ein feststehendes Auge Lichteindrücke bekommt, die auf die Retina gelangen." Das Gesichtsfeld wird zum Blickfeld, wenn es bei gerader Kopfhaltung durch die seitwärts bewegten Augen noch vergrößert wird (5: Ellenberger-Scheunert, 1925, S. 527). Dabei wird nichts gesagt über die Eigenschaft der Lichteindrücke, ob sie ein scharfes, ein unscharfes Bild oder nur einen schwachen Lichtschimmer im Auge erzeugen. Mit diesem Begriff ist also der gesamte Lichteintritt ins Auge gemeint. Beim Springturnier sind für den Reiter und für das Pferd die große Bildauflösung, die scharfe Erkennung eines Gegenstandes und die Schätzung seiner Entfernung wichtig. Bei gerader Kopfhaltung sieht das Pferd immer zwei unscharfe Bilder seitwärts vorn rechts und von vorn links, deren Entfernung es nicht genau kennt. Das direkt vor dem Pferd liegende Hindernis befindet sich nicht im Blickfeld des Pferdes. Das Pferd sieht es nicht. Deshalb muß der Reiter durch seine Einwirkung das Pferd zum Sprung anregen. Geschieht dies gegen den Willen des Pferdes, dann gelingt der Sprung oft nicht (s. auch S. 55, Abb. 32, Bild: Gesichtsfeld des Pferdes).

Da der Mensch über die Grenzen seines Gesichtsfeldes ganz genaue Angaben machen kann, ist die Größenbestimmung dafür einfach. Die an der Vorderseite des Kopfes stehenden beiden Augen erblicken fast immer gleichzeitig ein anvisiertes Ziel, ihre Sehachsen = optische Achsen verlaufen parallel, und im Sehzentrum entsteht nur ein koordiniertes binoculares Bild. In der Breite umfaßt das Gesichtsfeld etwa 180°, das Blickfeld 190—200° (5: Ellenberger-Scheunert, 1925, S. 528). „Das binoculare Sehen ist mit einer Vergrößerung des Gesichtsfeldes verbunden, ermöglicht dem Menschen das körperliche Sehen, die bessere Abschätzung der Größe und Entfernung eines Gegenstandes gegenüber dem monocularen Sehen. Zudem sind die aufgenommenen Bilder viel heller als beim monocularen Sehen, weil dabei von beiden Augen die Lichtstrahlen gleichzeitig aus der Netzhaut in die Sehrinde geleitet werden. Beim monocularen Sehen sind das Tiefensehen und Schätzen der Größe, die Wahrnehmung der plastischen Gestalt und der Entfernung der Gegenstände sehr erschwert."

Da die Augen des Pferdes eine mehr seitliche Stellung im Kopf einnehmen,

Abb. 27 Foto: Kordländer
Celler Quadrille
Die Pferde gehen nach vorn, Reiter blicken nach vorn, die Sinnesorgane sind seitwärts gestellt.

muß ihr Gesichtsfeld ganz anders geformt sein als beim Menschen. Auch die Vernetzung der Nerven im Sehzentrum des Pferdes ist anders als beim Menschen. Eine direkte Auskunft über den Grenzverlauf des Gesichtsfeldes können wir vom Pferd selbst nicht erhalten. Die Grenze kann man aber durch die Anwendung der nachfolgend beschriebenen Augenuntersuchungsmethode ermitteln. Diese den Tierärzten geläufige Untersuchung wird beim Pferd dann eingesetzt, wenn das Vorhandensein der Augenlinse geprüft werden soll. Dabei bedient man sich einer brennenden Kerze, einer Taschen- oder Augenlampe und läßt das Pferd in einen verdunkelten Raum führen. Bis zur Untersuchung wartet man einige Minuten, damit sich die Pupille erweitert. Dann leuchtet man mit einer Taschenlampe oder einer anderen Lichtquelle aus einer Entfernung von etwa 20 cm in das Auge hinein. Das einfallende Licht bildet im Auge drei Bildchen, die dann besonders gut zu sehen sind, wenn man die Lichtquelle nach rechts und links hin und her bewegt (5: Ellenberger-Scheunert, 1925, S. 511): Purkinje-Sansonsche Bildchen, Linsenbildchen. Diese sind beim Menschen und bei Kleintieren nur mit Hilfe einer Lupe zu sehen.

Das erste aufrechte, im Auge entstehende scharfe Bild ist das „vordere Hornhautbild", das zweite, ein wenig größere, meist sehr verwaschene aufrecht stehende Bild ist das „vordere Linsenbild", und das dritte, sehr scharfe, umgekehrte, stark verkleinerte Bild ist das „hintere Linsenbild". Bei Bewegung der Kerze wandern das erste und das zweite Bild gleichsinnig mit, das dritte Bild bewegt sich in entgegengesetzter Richtung. Aus dem Vorhandensein aller drei Bilder wird festgestellt, daß die Linse vorhanden ist. Gleichzeitig können wir aus dem Vorhandensein des dritten Bildchens schließen, daß der dritte Lichtstrahl bis an die hintere Linsenfläche gelangt ist und von da aus auch weiter in das Innere des Auges eindringen kann. Diese Erscheinung ist bedeutungsvoll, sie gibt uns eine Antwort auf die Frage, welcher von vorn kommende Lichtstrahl als erster auf die Retina gelangt. Diese Frage können wir beantworten durch die Anwendung der nachfolgend beschriebenen Untersuchungsmethode. Hierzu stellen wir uns vor das Pferd und leuchten von vorn mit der Taschenlampe in das Auge, wobei der Lichtstrahl Nr. 1 parallel zur Backenebene verlaufen muß. Dabei wird von diesem Lichtstrahl Nr. 1 der Punkt 1 auf der Hornhaut erzeugt (Abb. 28). Wenn die Lampe etwas weiter vom Kopf des Pferdes nach der Seite (lateral) bewegt wird, so daß der Lichtstrahl Nr. 2 schräg von vorn in das Auge fällt, dann taucht auch das zweite Bildchen auf, das vordere Linsenbild, Punkt 2. Setzen wir die seitliche Bewegung der Lichtquelle fort, bis der Lichtstrahl Nr. 3 ins Auge fällt, so erscheint mit einem Male das dritte Bildchen als Punkt 3 am hinteren, temporalen (seitlichen) Linsenrand (eigene Untersuchungsmethode).

Die Strahlen Nr. 1 und Nr. 2 sind nur auf den äußeren Teil des Auges gelangt und nicht in das Innere des Auges eingedrungen. Sie haben also auf der Netzhaut kein Bild entworfen. Erst bei weiterer Bewegung der Lichtquelle vom Kopfe weg in seitliche Richtung kommt es zur Entstehung des dritten Bildchens auf der rückwärtigen Linsenfläche. Von hier aus dringt das Licht durch den Glaskörper auf die Retina und erzeugt dort im lateralen temporalen (seitlichen) Randbezirk der Netzhaut ein unscharfes Bild. In dieser Randzone befinden sich fast nur Stäbchen in geringer Konzentration, die kein scharfes, farbiges Bild-Sehen ermöglichen. Dieser Strahl Nr. 3 ist also der erste von vorn kommende Lichtstrahl, der auf die Retina gelangt. Alle anderen direkt von vorn, von der Stirnseite kommenden Lichtstrahlen treffen nicht auf die Retina und erzeugen daher im Auge kein Bild. Diese Strahlenbegrenzung zwischen den Strahlen 1–3 gilt sowohl für das linke als auch bei gleicher Versuchsanordnung für das rechte Auge. Zwischen diesen beiden Grenzlinien von Strahl drei des linken und Strahl drei des rechten Auges, die von der Stirnseite des Kopfes kommen, liegt ein Feld, aus dem kein Licht in die Augen des Pferdes dringt. Man kann dieses Feld als „blinde Zone" für das Pferd bezeichnen. Somit ist es möglich, bei Anwendung dieser Untersuchungsmethode objektiv die vorderen Grenzen der Gesichtsfelder beider Augen des Pferdes zu bestimmen. Erst der Strahl 4 gelangt von vorn auf die Area centralis (Abb. 28).

Von der Tatsache, daß das menschliche Gesichtsfeld, das von beiden Augen gebildet wird, über 180° breit ist, kann sich jeder von uns täglich überzeugen, wenn wir z. B. an das Fahren mit dem Auto denken (Abb. 29). Der Fahrer blickt hinter dem Steuerrad immer nach vorn und hat die Straße und den Verkehr mit scharfem Blick (foveales Sehen) im Auge. Aber gleichzeitig empfängt er auch solche Lichteindrücke, die durch die vorderen Seitenfenster von links und rechts kommen. Diese Lichtwahrnehmungen gelangen von der Seite bis an die nasalen hinteren Grenzen des Gesichtsfeldes auf die Netzhaut (Stäbchen). Es entstehen dort also zwei getrennte, unscharfe, verschiedene Bilder, eins im rechten, eins im linken Auge! Wir nehmen sie nur nebenbei wahr und erkennen keine scharfen Umrisse und keine klaren Farben von diesen Gegenständen. So erleben wir gleichzeitig das foveale, scharfe, direkte Sehen (einfache Bilder) von vorn und empfangen ebenfalls von beiden Seiten unscharfe Bilder (Doppelbilder) als indirektes Sehen auf der Stäbchenschicht der Retina. Zur Identifizierung dieser Bilder erfolgt die Blickwendung sofort reflektorisch. Die in der seitlichen Retina in kleiner Zahl eingelagerten Zapfen sind in Feldern bis zu 1.000 Stäbchen zusammengeschaltet, können auch Farben erkennen, jedoch ist das von ihnen aufgenommene Bild nicht so scharf wie das, das von den einzeln geschalteten Zapfen in der Fovea aufgenommen wird.

Abb. 28 Linkes Auge, Pferd

3 Strahl 3 läuft durch die Hornhaut, die Linse trifft auf die stl. Retina

2 Strahl 2 läuft durch die Hornhaut und berührt die Linse

1 Strahl 1 berührt nur die Hornhaut, vordere Augenkammer, unteres Lid

oberes Lid

Hornhaut

4

Linse

Area centralis linearis

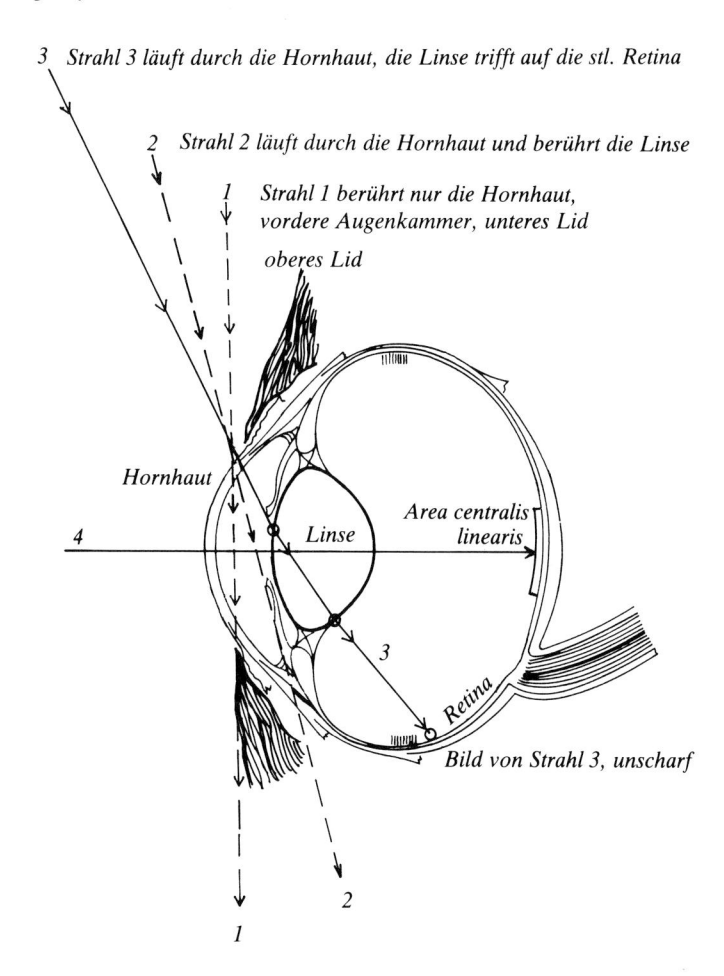

3

Retina

Bild von Strahl 3, unscharf

Dieses periphere Gesichtsfeld nimmt überwiegend sekundäre Informationen auf und dient zur Orientierung im Raum.

Von allen Gegenständen, deren Bilder sich auf nicht identischen Netzhautstellen abbilden, werden Doppelbilder empfunden. Als „Horopter" wird die Gesamtheit derjenigen Punkte des Gesichtsfeldes bezeichnet, die sich auf korrespondierenden Stellen beider Netzhäute abbilden können, so daß Einfachsehen auftritt, foveales Sehen, binoculares Sehen. Dieser Vorgang ist in den Augen des Pferdes nicht möglich! (5: Ellenberger-Scheunert, 1925, S. 530).

Beim Menschen (Abb. 29) ist das Gesichtsfeld in drei Abschnitte aufgeteilt, in den mittleren, binocularen, scharf sehenden, fovealen, auf der Sehachse liegenden Bezirk und die seitlich liegenden Abschnitte des indirekten, binocularen unscharfen Stäbchensehens mit eingestreuten Zapfen auf der linken und rechten Seite. Bei dem binocular sehenden Menschen ist dieses ein von beiden Augen aufgenommenes zusammenhängendes Gesichtsfeld.

Als Gesichtsfeld ist die Gesamtheit aller im Raum gelegenen Punkte zu bezeichnen, die mit unbewegtem Auge wahrgenommen werden können. Beim Menschen wird der mittlere Abschnitt von beiden Augen gleichzeitig erblickt und als binoculares Gesichtsfeld bezeichnet.

Als Blickfeld ist die Gesamtheit aller im Raum gelegenen Punkte zu bezeichnen, die durch Augenbewegungen nacheinander zusätzlich auf der linken und rechten Seite angeblickt werden können (12: Trotter, 1985, S. 151).

Abb. 29 Gesichtsfeld Mensch von oben gesehen, Breite 180°
Das Bild zweidimensional, in natura ist es dreidimensional.

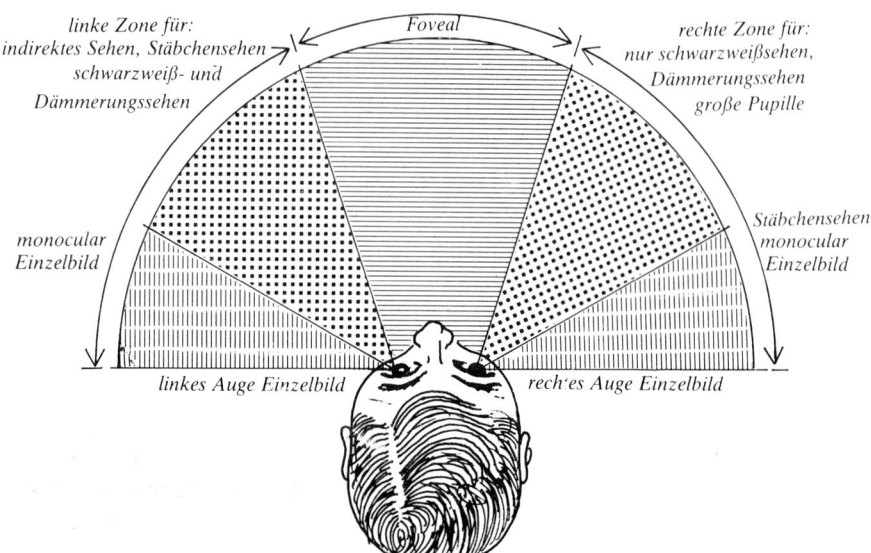

Zone für:
Foveales Sehen, Zapfensehen, scharfes Sehen, helles Licht, kleine Pupille, direktes Sehen, Entfernungschätzen, zielen, binocular: Farbensehen

linke Zone für:
indirektes Sehen, Stäbchensehen schwarzweiß- und Dämmerungssehen

Foveal

rechte Zone für:
nur schwarzweißsehen, Dämmerungssehen große Pupille

monocular Einzelbild

Stäbchensehen monocular Einzelbild

linkes Auge Einzelbild

rechtes Auge Einzelbild

Beim Pferd ist das Gesichtsfeld aufgeteilt für jedes seitlich stehende Auge, so daß ein linkes und ein rechtes monoculares Gesichtsfeld gebildet wird. Somit besitzt das Pferd zwei Gesichtsfelder (Abb. 30, 31 und 32). Jedes von ihnen ist in drei Bezirke aufgeteilt, in einen zentralen, mittelscharf und direkt sehenden Teil und in zwei peripher liegende, breit sehende Gesichtsfeldteile für das Stäbchensehen mit indirekter Sehweise. Beim Empfang von Schrägstrahlen erfolgt eine Verschiebung des Brennpunktes im Bereich der Retina, so daß nur unscharfe Bilder entstehen. Die auf der linken und rechten Seite liegenden Gesichtsfelder haben also auf jeder Seite drei „Sehabteilungen", die zusammen eine Breite von 300° besitzen. So kann das Pferd fast sein ganzes Umfeld überblicken. Jedoch ist das Bild wegen fehlender Akkommodation unscharf.

Wenn sich das Reitpferd beim Springturnier dem Hindernis nähert (Abb. 32), so sieht es bei gerader Kopfhaltung, wie schon erwähnt, direkt vor sich im Bereich der schmalen, blinden Zone nichts. Die aufgelegte Stange erscheint aber gleichzeitig auf beiden Seiten als ein linkes und ein rechtes Hindernis, von denen ein unscharfes Bild in der seitlichen Area centralis und Stäbchenzone eines jeden Auges entsteht (Abb. 32). Eine genaue Entfernung zum Hindernis kann vom Pferd nicht erkannt werden. Jedoch kann es durch ständige Übung und Sammlung von Erfahrungen mit Hilfe des Reiters den richtigen Absprung finden, um das Hindernis zu nehmen.

Abb. 30 Gesichtsfeld Pferd   für rechte und linke Seite gleiche Form, monocular, einäugig, sehend, zentrale areale Zone gestrichelt

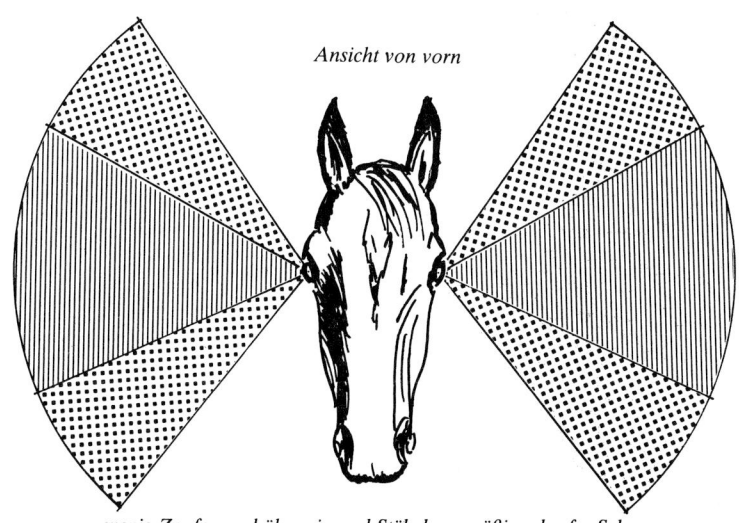

Ansicht von vorn

wenig Zapfen und überwiegend Stäbchen, mäßig scharfes Sehen

Abb. 31 Um die realen Verhältnisse im Raum zu erkennen, muß man sich die Bilder dreidimensional vorstellen.

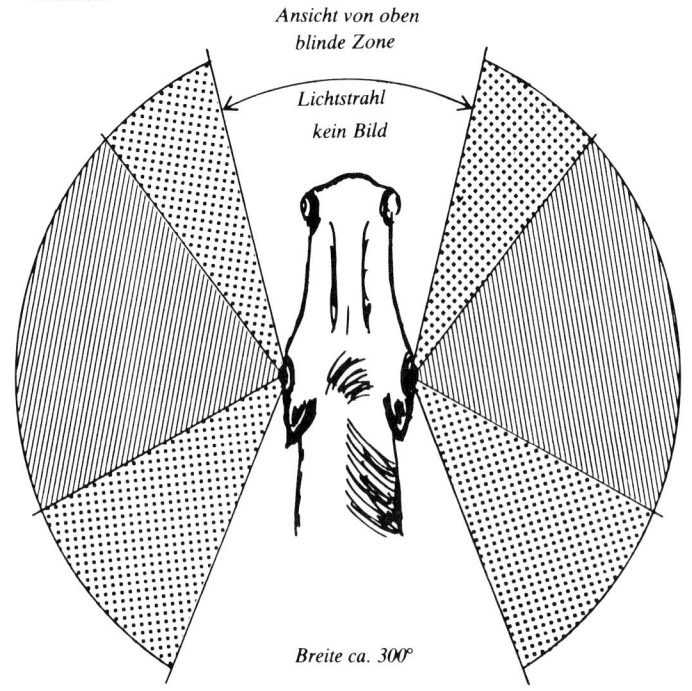

Ansicht von oben
blinde Zone
Lichtstrahl
kein Bild

Breite ca. 300°

Nasal und caudal anschließende Zonen für beide Augen; überwiegend Stäbchensehen, mit kleinem Zapfenanteil – schwarzweiß, weniger scharfes Sehen, Dämmerungssehen, breite Pupille, breites Gesichtsfeld, nach den Seiten sehen, punktierte Zone

Denn durch kleine seitliche Kopfbewegungen kann das frontal liegende Hindernis als durchgehende Stange vom Pferd bemerkt werden! Auch im anderen Fall, wo das Pferd aus einer seitlichen Kurve an das Hindernis herangeritten wird, gelangt dieses in das seitliche Gesichtsfeld des Pferdes und wird als eine Latte erkannt.

Wenn sich das Pferd unter dem Reiter im freien Gelände bewegt, so hat es mehr Zügelfreiheit als beim Springturnier. Dabei kann es den Kopf frei um etwa 40–50° nach rechts und links bewegen und bekommt das vor ihm liegende Gelände voll ins „areale" Gesichtsfeld des linken Auges und kann also monocular das vor ihm liegende Gebiet übersehen. Bewegt es den Kopf in gleicher Weise nach links, so übersieht es mit dem rechten Auge das gleiche vor ihm liegende Gelände. Sollte das Pferd die von jedem Auge aufgenommenen Bilder miteinander vergleichen, dann könnte mit dieser Prüfung eine Entfernungsschätzung ausgeführt sein. (Diese Methode wird von den Hühnern, deren Augen seitlich stehen, zur Entfernungsschätzung angewendet.) Auch für das monocular sehende Pferd gilt der Grundsatz: Sehen ist Erfahrungssache und wird durch ständige Übung erlernt und verbessert. Dabei spielt die Zusammenarbeit mit den anderen Sinnesorganen und der Funktion des Seh- und Bildgedächtnisses eine große Rolle.

Abb. 32 Pferd – Gesichtsfeld   frontaler Teil   Ansicht von oben

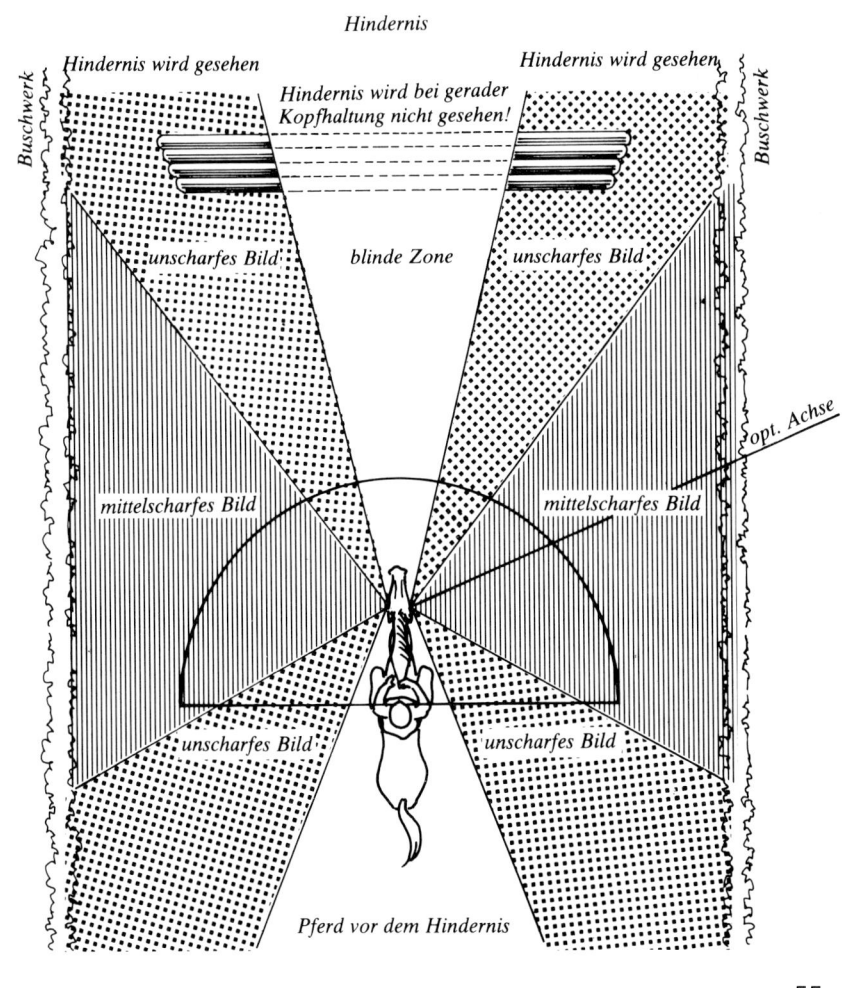

Bisher wurde der Sehvorgang so beschrieben, wie er nach den Gesetzen der Optik in den Augen stattfindet. Dabei wurde vorausgesetzt, daß der Kopf des Pferdes immer geradeaus gehalten wurde. In Wirklichkeit hält das Pferd diese starre Kopfhaltung nicht ein, sondern es bewegt den Kopf immer hin und her und läßt dabei den Blick umherschweifen.

III. Teil: Einfluß der Umwelt auf die Entwicklung der Sinnesorgane

Zur Orientierung und Sicherung des eigenen Standortes spielt das Gehör eine besonders große Rolle. Dabei werden die Ohren fast immer nach allen Seiten bewegt, wobei die große Ohrmuschelöffnung jedem ankommenden Geräusch entgegengestellt wird. Dadurch kann das Pferd nicht nur die Richtung feststellen, aus der das Geräusch kommt, sondern auch etwas über die Örtlichkeit der Geräuschquelle befinden. Diese Orientierungshilfe funktioniert nach dem Prinzip der „Echoortung". Sie ist beim Pferd hervorragend ausgebildet. Auch die Nüstern, der Geruchssinn und die Spürhaare an der Nasenöffnung werden zur Orientierung und Ortung im Nahbereich, besonders im Stall, vom Pferde eingesetzt. — „Im allgemeinen rangiert bei unseren Nutztieren in der Hierarchie der Sinne das Sehen wahrscheinlich erst nach dem Hören und Riechen" (14: Wittke und Pfeffer, 1983, S. 111).

Wenn eine Stute ihr verlorenes Fohlen wiedergefunden hat, so setzt sie zunächst ihre Nüstern auf den Rücken und beschnüffelt es, um es zu identifizieren. Ebenso strecken die Reitpferde ihren Kopf nach vorn und nehmen mit den Nüstern den Geruch der Hindernisse im Sprunggarten wahr.

Diese Feststellungen sind zu beachten und geben Veranlassung dazu, kurz auf die Unterschiede einzugehen, die zwischen dem Gehör- und dem Geruchssinn des Menschen und des Pferdes bestehen.

Mensch — Gehör:

Der Mensch besitzt nur kleine, nicht bewegliche Ohrmuscheln. Der Gehörgang ist eng, im Mittelohr befinden sich 16.000 Hörzellen. Die im Schläfenteil des Gehirns gelegene Hörsphäre ist klein.

Pferd — Gehör:

Das Pferd besitzt sehr große, tütenförmige, aufrecht stehende, allseits bewegliche Ohrmuscheln. Der große Gehörgang führt zum Mittelohr. Darin befinden sich 24.000 Hörzellen. Im Schläfenlappen des Großhirns liegt die große Hörsphäre. Die Hörgrenze liegt höher als beim Menschen. Die Geräusche haben Signalcharakter. Sind sie schwach, so erzeugen sie Aufmerksamkeit, sind sie stark, so rufen sie einen Schrecken, Angst oder auch Flucht hervor.

Mensch — Geruch:

Der Mensch besitzt kleine Nasenöffnungen, eine kleine Nase und eine wenig ausgedehnte Riechschleimhaut. Der Bulbus olfactorius, der Riechkolben, an der vorderen Gehirnbasis und die Riechsphäre im Gehirn sind ebenfalls sehr wenig ausgebildet. Die Wahrnehmung der Duftstoffe ist schlecht (s. Abb. 33).

Pferd — Geruch:

Das Pferd hat weite Nasenöffnungen und im Bereich des Siebbeines eine großflächige Riechschleimhaut. Sie nimmt eine Fläche von 200 bis 300 cm^2 ein und ist mit Riechzellen dicht besetzt. Über den großen Bulbus olfactorius, den Riechkolben, und den Riechnerven wird die Verbindung zum Riechzentrum im Gehirn hergestellt. Die Wahrnehmung der Duftstoffe ist sehr gut (s. Abb. 34).

Die Aktivität der Sinnesorgane zeigt folgende Reihenfolge:

Mensch:

Platz 1: Auge — sehr gut für Nah- und Fernorientierung
Platz 2: Gehör — mittelgut für Nah- und Fernorientierung
Platz 3: Geruch — mäßig gut, nur für Nahbereich

Pferd:

Platz 1: Gehör — sehr gut für Nah- und Fernbereich
Platz 2: Geruch — sehr gut für Nah-, mittelgut für Fernbereich
Platz 3: Auge — mäßig gut für Nah-, gut für Fernbereich

Beim Turnierreiten geht das Pferd unter dem Reiter und wird von ihm gelenkt. Dabei werden beim Hindernisreiten, bei Gehorsamkeitsprüfungen und beim Dressurreiten auf besondere Art große Leistungen von Reiter und Pferd gezeigt, die beim Zuschauer größte Anerkennung und Bewunderung finden. Ein langes und intensives Training geht diesen Erfolgen voraus, besonders beim Hindernisreiten. Dafür werden die Hindernisse verschiedenfarbig gezeichnet, in der Annahme, daß sie nunmehr vom Pferd besser erkannt werden. Über dieses sehr interessante und bedeutsame Problem lesen wir bei Blendinger (2: Blendinger, 1974, S. 193 ff.): „Wenn wir einen Springplatz mit recht schönen bunten, roten und blauen Stangen, Planken und Blumenkästen ausstatten, dann sieht das für unsere Pferde völlig anders und keineswegs so bunt aus wie für den Menschen.

Es ist auch eine Erfahrungssache, daß an blau gestrichenen Stangen vermehrt Springfehler gemacht werden. Ein Parcours wird also erschwert, wenn man viele dunkelrote und dunkelblaue, erleichtert, wenn man gelbe, grüne, weiße oder schwarze Hindernisse aufbaut. Wiederum werden hellrote und hellblaue Stangen leichter zu überspringen sein als dunkelrote und dunkelblaue. Man wird deshalb jungen Pferden über gut sichtbaren Farben das Springen beibringen, routinierte über die schlecht sichtbaren trainieren".

Rückblickend auf diesen Bericht können die eingangs beschriebenen Untersuchungsergebnisse über die Lichtwirkungen in der Retina des Pferdes bestätigt werden. Die Lichtstrahlen im kürzeren Wellenbereich — gelbe, hellgrüne und hellblaue — werden in der Linse stärker gebrochen und besser erkannt als die langwelligen, roten und orangefarbenen. Diese Erfahrungen werden ebenfalls durch die wissenschaftlichen Untersuchungen von Krebs (7: 1985, die Retina des Rindes) bestätigt und dahingehend ergänzt, daß die Retina der großen Pflanzenfresser (Rind und Pferd) nicht so stark und dicht mit Zapfen, Lichtrezeptoren, besetzt ist und nicht so gut Farben erkennen kann wie die des Menschen, bei dem 2,6mal mehr Sehzellen auf einem Quadratmillimeter stehen als beim Pferd. Außerdem besitzt der Mensch drei verschiedene Zapfentypen auf der Retina fürs Farbensehen. Beim Pferd sind aber nur zwei Zapfentypen in sehr geringer Zahl auf der Area centralis vorhanden. Ihr Anteil beträgt nur 6 % der Stäbchen. Aber nicht nur die Quantität, sondern auch die Qualität der Rezeptoren zeigen große Unterschiede zwischen Mensch und Pferd.

Der Mensch besitzt 165.000 Zapfen je Quadratmillimeter in der Fovea, das Pferd aber nur den 12. Teil davon, 13.000 Zapfen je Quadratmillimeter, in der Area centralis. Alle drei Zapfentypen in der menschlichen Retina sind farbenempfänglich. Zum Erkennen der Farbe sind mindestens zwei Pigmente notwendig. Da nur zwei verschiedene Zapfentypen in der Netzhaut der Rinder und Pferde gefunden wurden und dabei nur ein Pigment nachgewiesen ist, steht noch nicht fest, ob das Pferd Farben erkennen kann.

Weil die Farben nur von den Zapfen wahrgenommen werden, hat der Mensch einen guten, das Pferd aber einen sehr schlechten Farbensinn. Zur Wahrnehmung von schwarz-weißen und hell-dunklen Bildern ist die Retina des Pferdes gut ausgerüstet. Sie besitzt ebenfalls ein vorzügliches Dämmerungs-Sehen, Stäbchen-Sehen.

Zur Ausführung der beschriebenen Sehleistungen ist bei jedem Lebewesen die Funktion des Teiles im Zentralnervensystem von größter Wichtigkeit, in dem die von außen eingehenden Reize empfangen werden. Wenn kein Impuls eingeht, treten auch keine Entwicklung und keine Funktion des Organes ein. Wie bedeutsam das Training schon in früher Jugend ist, lesen wir in einem interessanten Kapitel bei Hoimar von Dithfurth (6: 1976, S. 210 ff.).

Er weist auf einen Versuch mit Katzen hin, bei dem festgestellt wurde, daß die Zahl der Synapsen im Sehzentrum junger Katzen bei der Aufzucht im Dunkeln viel kleiner war als bei denen, die im Hellen aufgewachsen waren.

Abb. 33 Gehirn des Menschen   Lausch, „Manipulation", S. 32
       mit Riechhirn

Ansicht von oben   *Ansicht von unten*

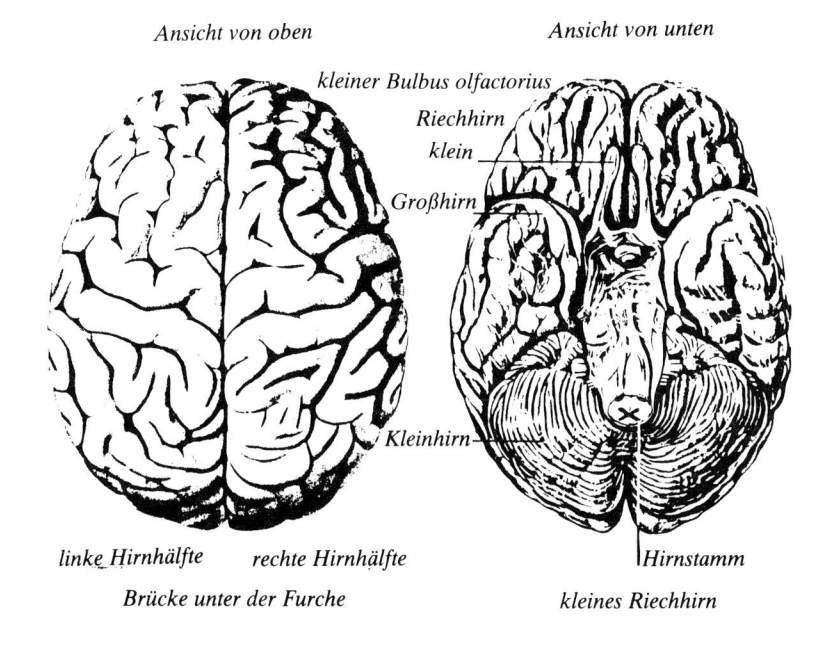

kleiner Bulbus olfactorius
Riechhirn
klein
Großhirn
Kleinhirn

linke Hirnhälfte   rechte Hirnhälfte   Hirnstamm

Brücke unter der Furche   kleines Riechhirn

Abb. 34 Gehirn des Pferdes mit Riechhirn

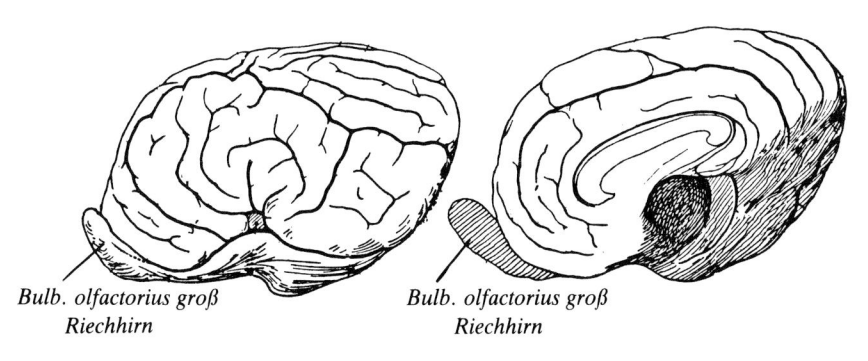

Bulb. olfactorius groß   Bulb. olfactorius groß
Riechhirn   Riechhirn

     ANSICHT von der Seite   *ANSICHT von der Mitte*

Ellenberger-Baum 1926, S. 798

Wenn die neugeborenen Katzen bis zur Ausreifung im Dunkeln bleiben, so bleibt auch die Zahl der Synapsen und Nervenverbindungen abnorm gering. Sie kann sich auch weiterhin im allgemeinen wie in den Sehorganen nicht entwickeln.

In einem anderen Versuch wird eine junge Katze bald nach der Geburt von ihrer Familie getrennt und im Dunkeln gehalten. Nur 30—40 Minuten kommt sie täglich in einen hellen Metallzylinder, dessen Innenwand mit senkrecht verlaufenden schwarz-weißen Streifen versehen ist. Dieses Streifenmuster ist das einzige, was die Katze in der entscheidenden Reifungsphase des Sehzentrums zu sehen bekommt.

Mit einer anderen Katze des gleichen Wurfes geschieht dasselbe, mit dem Unterschied, daß die hellen schwarz-weißen Streifen horizontal verlaufen. So geht es während vieler Wochen Tag für Tag, bis die Tiere erwachsen sind und wieder unter ihre normal aufgewachsenen Geschwister kommen. Bei flüchtiger Betrachtung glich ihr Verhalten vollkommen dem ihrer Geschwister.

Bei genauer Beobachtung sah man aber, daß Katze Nr. 1 unfähig war, andere als senkrecht verlaufende Konturen wahrzunehmen, bei Katze Nr. 2 war es genau umgekehrt. Wenn man den Tieren ein Stöckchen zum Spielen hinhielt, dann begann bei waagerechter Haltung die Katze Nr. 2 mit den Pfoten danach zu greifen und damit zu spielen, während Katze Nr. 1 neben ihr den gleichen Gegenstand gar nicht zu sehen schien. Hielt man nun aber den Stock in die Senkrechte, so blickte sich Katze Nr. 2 verdutzt um, als wäre der Stock plötzlich verschwunden, und nun begann Katze Nr. 1 damit zu spielen. Diese Störung machte sich auch in anderer Weise bemerkbar. So konnte Katze Nr. 1 keine normale Treppe hinauflaufen, und Katze Nr. 2 war nahezu unfähig, einen senkrechten Baumstamm emporzuklettern.

Den Wissenschaftlern war diese Tatsache alarmierend, daß sich die Katzen in keinem einzigen Falle, wo solche Experimente durchgeführt wurden, in ihrem Leben wieder erholt hatten. Durch diesen Versuch erhalten wir die bedeutende Erkenntnis, daß das Gehirn bei einer Störung in seiner entscheidenden Entwicklungsphase für die ganze Lebensdauer irreversibel geprägt worden ist und das Individuum Ausfallserscheinungen zeigen muß.

Durch diese Experimente bekam man Klarheit darüber, warum in wenigen Fällen, wo blind geborene Menschen im höheren Lebensalter durch einen operativen Eingriff am Auge das Sehen ermöglicht werden sollte, der erhoffte Erfolg ausgeblieben war. Die Patienten konnten zwar nach der Operation mit den Augen „sehen". Aber die optischen Impulse konnten nicht im Sehzentrum verarbeitet werden. Die hierfür nötigen Zellen waren nicht ausgebildet. So blieben sie blind, obwohl sie „sehen" konnten. Einige hielten sich in der Folge meist in dunklen Räumen auf, wurden in ihrem Wesen verstört oder depressiv. Andere Patienten schlossen wieder die Augen und orientierten sich in der Umwelt auch auf der Straße wieder wie vor der Operation, mit ihrem Gehörsinn und ihren „Tastgefühlen".

Diese Fälle zeigen deutlich, daß der Mensch wie auch die höher entwickelten Tiere in der frühen „Kindheitsphase" bestimmte Gesetze des Sehens lernen müssen. Sollte ihnen hierzu keine Gelegenheit gegeben sein, so ist das in späterer Lebenszeit nicht mehr nachzuholen, wenn die Entwicklung des Zentralnervensystems abgeschlossen ist.

Sollte z. B. beim Pferd aus besonderen Gründen eine Funktion der Augen nicht mehr möglich sein, dann kommt es ebenso wie im Versuch mit den Katzen als Folge des Aktivitätsmangels zur Atrophie der am Sehen beteiligten Nervengewebe. Das Pferd wird blind. Von diesem Verlust der Sehkraft sind früher die Grubenpferde betroffen gewesen, die vor vielen Jahrzehnten das ganze Leben „unter Tage" bei sehr schwachem Licht in Bergwerken gearbeitet haben. Wenn sie nach vielen Jahren in die Außenwelt zurückkamen, so war ihre Sehkraft verlorengegangen. Die Photorezeptoren, der Nervus opticus und die im Sehzentrum liegenden Nervenzellen waren atrophiert. Da eine Regeneration der Nervenzellen nicht mehr eintrat, blieben sie blind.

Aus diesen oben angeführten Versuchen und ihren wichtigen Ergebnissen kann man auch für die Aufzucht der Fohlen und Jungpferde nützliche Erkenntnisse gewinnen. Daher sollten wir unsere Pferde schon frühzeitig und beständig auf ihre künftigen Lebensaufgaben vorbereiten und mit den „Einjährigen" ein leichtes Training durchführen. Es ist wichtig, daß dabei alle Sinnesorgane ausgiebig in Tätigkeit versetzt werden. Die Jungpferde müssen schon als Fohlen, als Jährlinge und als Zweijährige lernen, in ihren Lebensraum hineinzuwachsen, den Halfter anzunehmen, durch die Türöffnungen zu gehen, den Stall zu verlassen und vom Menschen geführt zu werden. Ebenso sind die Bewegungen im Freien und die allmähliche Gewöhnung an den Straßenverkehr notwendig. Mit dieser Vorbildung werden sie dann willig in die Ausbildung als Reit- und Turnierpferd gehen. Ihr Nervensystem ist gut entwickelt und trainiert!

Zu der Frage, wie oder was das Pferd bei Erfüllung seiner sportlichen Aufgaben sieht, kann man nur aufgrund der gewonnenen Erkenntnisse folgende Antwort geben:

1. Bei der Bewegung im Schritt, langsame Gangart, bewegt das Pferd den Kopf auf und ab, hin und her und kann mit jeder seitlichen Kopfbewegung auch das frontal vor ihm liegende Gelände übersehen und genau ins Auge fassen, so daß die Lichtstrahlen parallel zur optischen Achse auf die Area centralis der Retina fallen. Das würde dem fovealen Sehen des Menschen entsprechen. Da aber die Anzahl der Zapfen in dieser Zone ganz bedeutend kleiner ist als in der Fovea des Menschen, das Pferd aber nur monocular sieht und schlecht akkommodiert, ist das Bild auch nicht so scharf wie beim Menschen. Sollte ein Hindernis im Wege liegen, so wird es gesehen, und das Pferd hat genügend Zeit dazu, diesem ohne besondere Erregung auszuweichen. Die Entfernungsschätzung bleibt dabei jedoch gering.

2. Bei der Bewegung im Trab und bei gezügeltem Galopp im Sprunggarten, mittelschnelle Gangart, finden gleichfalls noch seitliche wie auch nickende Kopfbewegungen statt. Auch bei dieser Bewegungsart besteht die Möglichkeit, daß die von vorn seitwärts kommenden Lichtstrahlen ebenfalls als verhältnismäßig scharfe Bilder im Auge des Pferdes empfunden werden. Dabei wird wiederum ein im Wege stehendes Hindernis erkannt. In diesem Fall und auch bei dieser Gangart ist Zeit genug vorhanden, dem Hindernis auszuweichen.

Ganz anders liegen die Verhältnisse für Reiter und Pferd, wenn der Ritt im Galopp stattfindet. In dieser sehr schnellen Gangart beträgt die Schrittgröße 1,55 bis 4,75 m; im schnellsten Renngalopp kann der Sprung sogar eine Länge von 8 Metern annehmen. Hierbei beträgt die Geschwindigkeit 1 km je Minute = 60 Stundenkilometer (5: Ellenberger-Scheunert, 1925, S. 420). Mit dem Hindernisreiten hat der Mensch eine Sportart erfunden, bei der das Pferd unter dem Reiter über verschieden hohe und breite Hindernisse springen muß. Dabei erfolgt der Sprung nicht aus dem Stand, nicht aus dem Schritt oder Trab, sondern nur aus dem Galopp, der Hochgeschwindigkeits-Gangart. Von Natur aus hat das Pferd keine Neigung zum Hochsprung und weicht in der Wildnis dem Hindernis aus. Diese Reaktion ist ganz natürlich, da die Gesichtsverhältnisse des Pferdes nicht auf die Messung der Entfernung und der Höhe der Hindernisse eingestellt sind. Wenn der Reiter dennoch diesen Hochsprung verlangt, so muß er die Höhe und die Entfernung der Hindernisse ermitteln und das Pferd durch reiterliche Einwirkung zur richtigen Ausführung des Sprunges anregen.

Der Absprung vor dem Hindernis muß mit dem Erheben der Vorhand etwa eine halbe Pferdelänge vor der Hürde erfolgen. Ist der Abstand zu groß, springt das Pferd auf das Hindernis, ist der Abstand zu klein, werden schon beim Ansprung die Stangen abgerissen. Der Erfolg hängt wesentlich davon ab, ob der Reiter den wiederkehrenden Rhythmus, der sich beim Galopp eingestellt hat, in den Sprung über das Hindernis einbauen kann. Mit kurzen Galoppsprüngen sammelt das Pferd Kraft, mit langen Galoppsprüngen erhöht es die Geschwindigkeit. Sind zwei Hindernisse kurz nacheinander zu nehmen, so muß der Reiter z. B. zwischen zwei oder vier Galoppsprüngen wählen, um vor dem zweiten Hindernis die richtige Entfernung für den nächsten Absprung zu erlangen! Wird der Galopprhythmus gestört, ist das Pferd aufgeregt, dann gelingt der Sprung nicht.

Bei der schnellen Gangart hält das Pferd bei gestrecktem Hals den Kopf fast waagerecht voraus und bewegt ihn nicht mehr seitwärts hin und her. Der Hauptlichteintritt in die Augen erfolgt daher nicht von vorn, sondern fast nur von der Seite. Der gestreckte Galopp entspricht dem „Fluchtgalopp" in der Steppe vor dem Feind, wobei der Blick mehr seitwärts und rückwärts auf den verfolgenden Feind gerichtet ist. Außerdem sind die Pupillen bei hellem Tageslicht klein und lassen verhältnismäßig wenig Licht in die Augen. Bei dieser äußerst schnellen Gangart und der beschriebenen Kopfhaltung dringen die von schräg vorn kommenden Lichtstrahlen auf die temporale, seitliche Randzone der Retina (Abb. 25) und erzeugen dort nur ein unscharfes Bild. Aus diesem Grunde werden unbekannte, ruhende, in der Laufrichtung liegende Hindernisse vom Pferd gar nicht oder nur schwer erkannt. Deshalb muß der Reiter, der ein besseres Sehvermögen als das Pferd besitzt und Entfernungen schätzen kann, das Pferd sehr energisch zum Ausweichen bewegen, damit ein Unfall verhindert wird. Die Reaktionskomplexe beim Pferd sind nur auf das Nächstliegende gerichtet!

Scheuende Pferde sind in ihrer Erregung völlig reaktionslos und galoppieren in ihrem Schreckzustand hemmungslos vorwärts, wobei sie gegen Mauern und andere Widerstände stürmen. Wenn sie dabei noch vor Fahrzeugen angespannt sind, so erschweren diese jede Beruhigung erheblich. Tiefe Verletzungen beim Pferd sind oft die Folge.

In die größte Gefahrenstufe geraten Reiter und Pferd im Galopp. Bei dieser Gangart erhebt sich das Pferd mit der Vorderhand und dem Gewicht des Reiters. Es bekommt dabei aus der Hinterhand von der gewaltig entwickelten Muskulatur den Vorschub für den Sprung nach vorwärts bis zu 5 bzw. 6 Meter oder zur Überwindung eines Hindernisses bis zur Höhe von 2 Metern. In beiden Fällen sind alle vier Beine vom Erdboden gelöst. Das Pferd befindet sich im Fluge. Der schwierigste Augenblick kommt für das Pferd bei der Landung, wobei es darauf ankommt, daß beide Vorderbeine die ganze Last des Pferdekörpers mit dem Reiter auffangen können. Wenn diese wegen einer Unebenheit des Bodens, oder weil ein Fuß im Fesselgelenk nach hinten einknickt, nicht möglich ist, dann findet nur ein Bein auf festem Grund einen Halt. Ein Bein allein kann aber die große Last von Pferd und Reiter bei so großer Geschwindigkeit nicht auffangen. Dann kommt es in Bruchteilen von Sekunden zum Sturz mit schweren Verletzungen für Pferd und Reiter. Die Folgen sind häufig von sehr ernster Natur, weil der Sturz entweder aus einer Geschwindigkeit von 50 bis 60 Stundenkilometern (Galopprennen) oder aus einer Höhe von 1,80 bis 2 Metern (Springturniere) eintritt. Die Ursache, die zu diesen Unfällen führt, sind Untiefen im Gelände, auf dem galoppiert wird. Das Pferd kann diese wegen fehlender Sehschärfe nicht wahrnehmen, jedoch besitzt das Auge des Reiters die Fähigkeit, diese zu erkennen. Auch hierzu ist ein Training nötig.

Zu diesem Problem schreibt das Stader Tageblatt vom 28. 5. 1988: „Hohe Sprünge sind kein Problem". „Zu diesem Ergebnis kommt Prof. Holger Preuschoft, Ruhruniversität, mit Hilfe eines besonderen Untersuchungssystems, wobei alle Körperbewegungen des Pferdes im Sprung einzeln gemessen und dargestellt werden. Auch für den Reiter und sein Training lassen sich gewisse Hinweise geben. So wurde festgestellt, daß selbst Reiter, die nach eigener Auffassung die Zügel leicht in der Hand hielten, mitunter Zugkräfte am Pferdemaul bis zu 5 kg verursachten. Da die Pferde von Natur aus jeweils ein Optimum in der Bewegung anstreben, sollte man in kritischen Situationen (Sprung) oder im schwierigen Gelände dem Pferd die Wahl seiner Bewegungen soweit wie möglich selbst überlassen!"

Im Sprung darf das Pferd durch eine zu stramme Zügelhaltung nicht daran gehindert werden, den Kopf soweit wie möglich nach vorne „zu werfen". Durch diese Kopfhaltung erlangen die Vorderbeine völlige Bewegungsfreiheit beim Anwinkeln und Strecken. „Denn bei der Landung muß die gestreckte Vorhand die Belastung aufnehmen, obwohl sie in dieser Zehnelsekunde das Vierfache des Körpergewichtes beträgt." Ist der Pferdekopf in diesem kritischen Augenblick stark angezogen, so ist ein Sturz schon vorprogrammiert.

Bei der Teilnahme an Reitturnieren soll der Reiter wissen, ob sein Pferd lieber im „Linksgalopp" oder im „Rechtsgalopp" das Hindernis nimmt. (Sprungbein, wie beim Menschen?) In diesem Zusammenhang steht das Zitat von Konrad Lorenz: „Über unvorhergesehene Hindernisse stürzen Pferde allzu leicht, besonders im Galopp. Ein Zielen ist ihnen kaum möglich" (Lorenz, 1978, 10, S. 252). Ebenso ist über die Dauer der Reaktionszeit bei Reiter und Pferd nachzudenken, die vom Anblick eines Hindernisses bis zum Ausweichen vergeht, über das Beharrungsvermögen des Gewichtes von Reiter und Pferd und über die hohe Lage des Schwerpunktes. Der schnelle Galopp im freien Gelände ist deshalb in die gleiche Gefahrenstufe gesetzt wie das Motorradrennen!

Immer wieder sind wir von den großen Springleistungen unserer Turnierpferde unter dem Sattel geübter Reiter in den Reithallen oder auf den Turnierplätzen stark beeindruckt. Diese Leistungen können nur von besonders ausgesuchten, intelligenten und gutwilligen Pferden mit gutem Bild- und Ortsgedächtnis und großer Springveranlagung nach langer Trainigszeit in einer Umgebung erreicht werden, die ihnen bekannt ist. Mehr als viele hundert Male ist das Reitpferd immer denselben Parcours gegangen, hat immer dieselben Hindernisse übersprungen, erfährt immer wieder während des Galopps von seinem Reiter die nötigen Informationen und Hilfen dazu, daß jetzt der Sprung über das Hindernis erfolgen muß. So bilden Reiter und Pferd eine Einheit und sind vollkommen aufeinander eingestellt und miteinander verbunden. Sie ergänzen sich gegenseitig im Sehen. Der Reiter hat etwa eine 5mal stärkere Sehkraft als das Pferd; er sieht binocular, foveal scharf nach vorn, das Pferd sieht monocular, mittelscharf-areal mit sehr breitem Gesichtsfeld nach der linken und rechten Seite. Im Sprung ist der Blick des Pferdes oft leer und ausdruckslos. Dagegen ist das Ohrenspiel sehr aktiv, die Ohrmuscheln stehen aufrecht nach vorn gerichtet, geöffnet und sind direkt auf das Ziel gestellt. Sollen auf einem Reitturnier die Reiter ihre Pferde gegenseitig austauschen, so werden oft die Leistungen von Pferden nicht erbracht, die sie vor dem Tausch gezeigt haben. Dies spricht dafür, daß Pferd und Reiter ganz miteinander verbunden sind, daß sie zusammengehören, um die gezeigten Spitzenleistungen zu vollführen.

IV. Teil: Mitwirkung des Großhirns beim Sehen

In den vorliegenden Ausführungen ist in großen Zügen der Sehvorgang beim Menschen und beim Pferd beschrieben worden. Daraus geht hervor, daß zwischen den Augen des Menschen und denen des Pferdes bedeutende Unterschiede bestehen. So erfüllen die Augen des Menschen 5 Aufgaben:
1. Scharfsehen
2. Entfernungsmessen
3. plastisches Sehen
4. Farbensehen
5. Dämmerungssehen

Die Augen des Pferdes führen nur 2 Funktionen aus:
1. breites Tagessehen
2. gutes Dämmerungssehen

Anteil des Großhirns beim Sehen

Der Sehvorgang endet aber noch nicht im Sehzentrum, sondern die aufgenommenen neuralen Impulse werden in die Großhirnrinde weitergeleitet und führen von dort in die überregionalen Zentren, zum bewußten Sehen. Da es auch im Zentralnervensystem anatomische und physiologische, bauliche und funktionelle Unterschiede zwischen Mensch und Pferd gibt, sollen nur die dort liegenden wesentlichen unterschiedlichen Merkmale zwischen Mensch und Pferd kurz dargelegt werden.

Die vom Auge aufgenommenen Lichtstrahlen werden in der Retina zu bioelektrischen Strömen umgewandelt und ins Sehzentrum, einem Teil der Großhirnrinde, geleitet. Darin befinden sich noch viel mehr Nervenzellen (Neuronen) als in der Retina. Hier erfolgt eine weitere Umschaltung und Aufteilung der Reize in die abzweigenden Nervenbahnen. Nach dieser Aufgliederung erreichen sie die Erfolgszentren, die in der Großhirnrinde liegen. Dort befinden sich die oberste Kontrolle und die Steuerung aller Vorgänge und Funktionen sowie die Bewußtseinsbildung (12: Trotter, 1985, S. 58). Da das Pferd ein viel kleineres Sehzentrum und viel weniger Nervenzentren in der Großhirnrinde besitzt als der Mensch, gehen auch weniger Nervenreize zu den übergeordneten Zentren. Die Informationen werden nach ihrer Bedeutung gesiebt und dann zu Handlungsimpulsen umgeformt, die sofort oder später aktiviert werden. Einen Einfluß auf diese Handlungsform übt beim Menschen auch das Denkzentrum aus. Da dem Pferd dies und sehr viele andere Zentren fehlen, kann das Pferd auch nur weniger nervlich gesteuerte Handlungen ausführen als der Mensch. Die Reaktionskomplexe beim Pferd sind nur auf das Nächstliegende gerichtet.

Von dem gesamten zentralen Nervensystem mit dem autonomen Zentrum und dem Kleinhirn interessiert hier nur das Großhirn. Es ist durch eine tiefe Furche in die linke und rechte Hälfte geteilt. Diese sind durch eine Querverbindung, die „Brücke", miteinander fest verbunden. Über diese Verbindung findet ein starker Informationsfluß zwischen beiden Großhirnhälften und den beiden Sehzentren statt.

Die Großhirnrinde stellt das Funktionszentrum mit den vielen Milliarden Nervenzellen dar. Würde man ihre Oberfläche auseinanderfalten, so würde sie eine Fläche von etwa 1.350 cm^2 bedecken. Wegen ihrer grauen Farbe wird sie als „graue Substanz" bezeichnet. Darin befinden sich die Nervenzellen mit den Zellkernen (16: Spektrum der Wissenschaft, S. 36). Über die Nervenfasern treffen die Meldungen von den Sinnesorganen im Sehzentrum ein; sie erhalten ihre Informationen und leiten diese weiter zu den Erfolgsorganen. Die Nervenzelle mit den Nervenfasern bildet ein „Neuron". Die Nervenfasern liegen in der weißen Substanz, in der sich auch das Stützgerüst für die Nervenfasern befindet.

In den Großhirnregionen liegen die Zentren aller Sinnesorgane, des Bewußtseins, der Erregung, der Erregungshemmung, des Denkens (einfacher Vorgang), des Nachdenkens (komplizierter Vorgang) und des rückbezüglichen Denkens (kombiniertes, kompliziertes Denken), worin einbegriffen sind die Folgeleistungen der Denktätigkeit, Verwertung von Erfahrungen, Neubau von gedanklichen Konstruktionen, Aufbau der Wissenschaften usw. Die hochentwickelten Haustiere können vielleicht ganz einfache Denkvorgänge und Handlungen vollziehen, die sie in der Dressur gelernt haben. Aber rückbezügliches Denken können sie nicht ausführen (Descartes).

Mit der Aktivität des zentralen Nervensystems, in dem das rückbezügliche Denken stattfindet, hat der Mensch alle Leistungen vollbracht, die in folgende Bereiche hineingehören: Sprache — Wissenschaft — Erfindungen — Technik — Literatur — Dichtung — Religion — Philosophie — Musik — Kunst — Naturwissenschaften — Medizin — Physik — Chemie — Atomphysik — Elektrizität — Astronomie usw. Die Zentren für die Ausführung geistiger Tätigkeiten liegen in sehr großer Zahl nur in der Großhirnrinde.

Zur Funktion bedarf es der Bildung hochspezialisierter Moleküle, deren Ursprung in den Nervenzellen der Großhirnrinde liegt. Damit besitzt unsere Großhirnrinde die unvorstellbare Fähigkeit, aus Materie = „Moleküle" = „Geist" zu erzeugen, oder umgekehrt kann der Geist neue Gedanken aus der im Großhirn vorhandenen Materie neue Moleküle bilden, die wiederum „Geist" erzeugen. In diese Sparte gehören das „Lernen", „Denken", „Sprechen", „Erfinden", „Erinnern", „das bewußte Sehen" usw. hinein.

Auch in der Literatur findet man Feststellungen dieser Art. So lautet die Überschrift eines Kapitels bei Vester (17: Vester, 1975, S. 56): „Geist braucht Materie". Diese ganz hochspezialisierte Materie befindet sich nur in der menschlichen Großhirnrinde. Hier allein kann Geist erzeugt werden!

Schließlich erfolgt im Gehirn ein letzter wichtiger Prozeß des Sehvorgangs: Das Bild, das vom Auge aufgenommen und im Sehzentrum als Empfindung registriert wurde, wird zuletzt wieder „in den Raum projiziert", so daß ein Gegenstand dem Betrachter tatsächlich dort erscheint, wo er sich in Wirklichkeit befindet (Trotter). So wirkt das Auge wie ein Fenster, aus dem wir vom Innenraum ins Freie sehen können.

Im Laufe von vielen zigtausend Jahren ist das Großhirn des Menschen als Folge der Bildung immer neuer Zentren im Vergleich zum Großhirn des Pferdes erheblich gewachsen. So beträgt das Großhirngewicht eines erwachsenen Mannes etwa 1.500 g, das eines erwachsenen Warmblutpferdes 500 g. Als relatives Hirngewicht wird das Gewicht des Gehirns im Vergleich zum Gewicht des Körpers bezeichnet. Es stellt den Hirnquotienten dar. Er beträgt beim Menschen 1 : 40, beim Pferd 1 : 420 — 1.000, anders ausgedrückt, es kommen beim Menschen auf 1 g Gehirn 40 g Körpergewicht, beim Pferd auf 1 g Gehirn 420 — 1.000 g Körpergewicht. Das Pferd ist also sehr viel schlechter mit der nervlichen Versorgung aus dem Zentralnervensystem ausgerüstet als der Mensch. Außerdem ist die qualitative Beschaffenheit des menschlichen Gehirns wesentlich besser als die des Pferdes. So sind in der menschlichen Großhirnrinde die Furchen sehr viel tiefer und die Zahl der Windungen bedeutend größer als beim Pferd. Hierdurch ist nicht nur das Gewicht, sondern auch die Oberfläche der grauen Gehirnsubstanz und die Zahl der darin eingebauten Neuronen wesentlich vergrößert. Ferner ist die funktionelle Tätigkeit der Neuronen im menschlichen Gehirn, soweit es sich um die bewußte Denktätigkeit handelt, viel, viel hochwertiger und vielleicht hundertmal leistungsfähiger als die im Großhirn des Pferdes.

Das Gehirn des Pferdes hat, wie schon erwähnt, ein Gewicht von 500 g und stellt die Zentrale für die nervliche Versorgung des gesamten Pferdekörpers und seiner Organe dar. Davon werden 450 g für die Innervierung des gesamten Organismus, Herz, Lunge, Darm, Leber, Muskeln usw., und etwa 50 g für die im Gehirn liegenden Nervenzentren eingesetzt.

Beim Menschen sieht diese Aufteilung ganz anders aus. Wenn zur Versorgung des 500 — 600 kg schweren Pferdekörpers 450 g Gehirnsubstanz genügen, dann genügt auch ein Gewicht von 450 g Gehirnsubstanz für die Versorgung des etwa 70 kg schweren menschlichen Körpers. Somit verbleiben dem Menschen noch 1.050 g des Gehirns mit der sehr aktiven Großhirnrinde und der sehr großen Zahl hochspezialisierter Nervenzentren. Sie vollbringen diese ganz ungewöhnliche, hochwertige geistige Arbeit mit größten Leistungsergebnissen. Hierfür stehen dem Menschen, wie oben angeführt, 1.050 g des Zentral-Nervensystems, dem Pferd aber nur solche von 50 g zur Verfügung.

Im Versuch kann dieser Arbeitsvorgang im Gehirn sichtbar gemacht werden. Hierzu muß sich ein Mensch auf eine einfache Balkenwaage legen, die in der Mitte ein Widerlager besitzt. Nachdem das Gleichgewicht hergestellt wurde, gibt man dem Menschen eine Rechenaufgabe zur Lösung, die auf einem Blatt Papier steht, z. B. 17 x 35. Sobald die Versuchsperson mit dem Kopfrechnen anfängt, senkt sich der Waagebalken auf dem Ende, wo der Kopf liegt. Was ist passiert? Mit Beginn des Rechnens fordern die im Gehirn liegenden Zentren Blut an, es strömt sofort ein, der Kopf wird schwerer, und die Waage senkt sich auf der Seite, wo der Kopf liegt. Dieser Vorgang ist ein klarer Hinweis auf die materielle Funktion geistiger Zentren, die für ihre Arbeitsleistung Blut benötigen. Wo kein Zentrum vorhanden ist, dorthin gibt es keine Nerven- und Blutverbindungen, dort wird keine Arbeit geleistet, dort wird kein Blut angefordert. Das „arbeitende" Gehirn des Menschen beansprucht 20 % der kreisenden Blutmenge, die durch **besonders große Arterien** zugeführt wird (Halsschlagader). Eine Parallele zur menschlichen Gehirnarbeit gibt es beim Pferd nicht, da die geistigen Zentren nicht entwickelt sind. Beim Pferd besitzt die Großhirnrinde nur den 3. Teil der menschlichen Großhirnrinde. Sie wird hauptsächlich von den Feldern eingenommen, die die körperliche Aktivität regulieren. Diese Fähigkeit wird von einem übergeordneten Zentrum so gesteuert, daß ein harmonischer Ablauf aller Körperfunktionen und eine einheitliche Handlung eintreten. — Das autonome oder vegetative Nervensystem stimmt bei Mensch und Tier weitgehend überein (5: Ellenberger-Scheunert, 1925, S. 450).

Zur Entwicklung der Großhirnrinde des Menschen haben die Sinnesorgane und die Meldungen ihrer aufgenommenen Reizempfindungen zum Zentralnervensystem wesentlich beigetragen. Das Auge ist das wichtigste Sinnesorgan des Menschen. Es vermittelt ihm, wie schon erwähnt, 80 % aller von der Außenwelt kommenden Informationen. Auf welche Weise ihre Fortleitung in jedes Sehzentrum erfolgt, ist in den vorliegenden Ausführungen beschrieben worden. Mit jedem Tractus opticus treten 1,0 Millionen Nervenfasern (davon $1/3$ foveale Fasern) ins Sehzentrum ein. Sie werden darin aufgeteilt und verbinden sich mit den 1,4 Milliarden Neuronen (s. Abb. 24), deren Nervenfasern einzeln oder in Gruppen bis 36 mit den zahlreichen Nervenzentren in der Großhirnrinde verbunden sind (vergleichbar mit einem Schaltzentrum in einer großen Werkanlage, Großflugzeugen etc. Der größte Computer ist noch unvollkommen dem Gehirn gegenüber! Denn für jede von der Außenwelt eingehende Meldung gibt es in der Großhirnrinde des Menschen eine bewußte Empfindung in einem zugehörigen Zentrum, das wiederum eine Verbindung zum Gedächtnis besitzt (Ultrakurzzeitgedächtnis, Kurzzeitgedächtnis, Langzeitgedächtnis). Die hier gespeicherte Information ist zu jeder Zeit abrufbar. Eine Neubildung kann unaufhörlich stattfinden.

Nehmen wir z. B. den Farbton „grün" wahr, spricht das grüne Zentrum an, für „hellgrün" das entsprechende Zentrum, auf „dunkelgrün" reagiert das Zentrum für eine dunkelgrüne Farbe usw. In gleicher Weise wird jede eingehende Information differenziert aufgenommen und in das dafür vorgesehene Gedächtniszentrum geleitet.

In allen Nervenfasern befinden sich „Synapsen", deren Funktionen bereits beschrieben worden sind. Im Nervensystem werden die von der Peripherie zum Zentrum kommenden Meldungen und die vom Zentrum zur Peripherie gehenden Reize auf getrennten Bahnen geleitet. Über die Nervenfunktion schreibt Erwin Lausch (9: S. 150, „Manipulation, der Griff nach dem Gehirn"): „Eine Nervenzelle kann über Synapsen mit Tausenden oder auch Zehntausenden von anderen Nervenzellen verbunden sein. Experten haben errechnet, daß sich die Billionen Verbindungen zwischen den Milliarden Nervenzellen in einem einzigen menschlichen Gehirn zu einer ansehnlichen Strecke summieren von 300.000 bis 400.000 km. Das entspricht einer Entfernung von der Erde zum Mond."

Nach der Lektüre dieser Informationen ist klar geworden, daß „Sehen" letzten Endes eine geistige Tätigkeit ist, daß das bewußte Sehen nur über ein Gehirn erfolgen kann, wie es der Mensch besitzt.

Mit dieser geistigen Überlegenheit gegenüber dem Pferd wird die Verantwortung des Menschen im Umgang mit den Reit-, Dressur- oder Wagenpferden besonders groß! Dennoch kann das Pferd als „intelligentes" Haustier bei planmäßiger Haltung viele Handlungsweisen neu erlernen, besondere Tätigkeiten entwickeln und ausführen, die es in der freien Natur nie kennengelernt hätte. Infolge dieser großen Anpassungsfähigkeit und Willigkeit erlernt das Pferd die Arbeit im Geschirr als Wagenpferd, unter dem Sattel als Reit- oder Dressur- bzw. Rennpferd. Es besitzt ein sehr gutes Ortsgedächtnis, behält die erlernten Leistungen in Erinnerung und zeigt eine große Anpassungsfähigkeit an neue Umgebungen mit neuen Aufgaben.

Gewisse Lebensvorgänge werden vom Trieb, vom Instinkt ausgelöst, andere treten als Folge von Reflexen auf und lösen sofortige, reaktive Handlungen aus, z. B. Flucht bei Angstzuständen. In diesem Fall sind keine Bewußtseinszentren eingesetzt; es gibt sie nicht. Das Pferd handelt ohne Überlegung, jedoch verfügt es über gewisse Erfahrungen. Es will von Natur aus viel und schnell laufen und besitzt bei körperlicher Anstrengung im Gegensatz zum Fleischfresser eine sehr große Ausdauer. Deshalb läuft das gesunde Pferd dem Raubtier in der Steppe davon. Mit diesen hervorragenden Eigenschaften ist das schnelle, kraftvolle und ausdauernde Pferd schon seit Jahrtausenden zum größten Helfer menschlichen Schaffens geworden. Jedoch muß das menschliche Auge beim Einsatz des Pferdes die Führung übernehmen und behalten!

Zusammenfassung

Die vorliegenden Ausführungen stellen in kurzer Form den Vorgang des Sehens bei Mensch und Pferd dar. Dabei wird auf alle am Sehvorgang beteiligten Organe, auf ihren Bau und ihre Funktion eingegangen. Die hierbei gefundenen Unterschiede zwischen dem Auge und dem Sehen des

Menschen wie dem des Pferdes sind bedeutend und werden nachfolgend gegenübergestellt, womit eine Erklärung gegeben wird, warum beim Pferd oft Reaktionen eintreten im Verhalten, die anders sind, als sie der Mensch erwartet hat und auf die er nicht vorbereitet war.

	Mensch	**Pferd**
1. Augenstellung:	frontal	lateral — seitlich
2. Augenform:	Kugelform	breit gedrückte Kugel
	scharfsehend	elliptisch breitflächig sehend
3. größte Sehstärke:	scharfsehend frontal	laterale Richtung nach beiden Seiten
4. Pupille:	rund	elliptisch
5. Linse:	bikonvex, auf beiden Seiten gebogene Fläche	bikonvex, auf beiden Seiten gebogene Fläche
6. Netzhaut:	760 mm²	2.500 mm²
7. Funktion der Netzhaut:	sehr dicht stehende Rezeptoren, hochspezialisierte Fovea centralis, hier nur Zapfensehen, Tagessehen, sonst Stäbchen und Zapfen, große Bildauflösung, Farbensehen, körperliches Sehen, scharfes Sehen, Zielen, Entfernungsschätzen, binoculares Sehen, größere Lichtempfindung des Bildes, Fixieren	weniger dicht stehende Rezeptoren, überwiegend Stäbchensehen, keine Fovea centralis, auch überwiegend nur Stäbchen, schlechtes Farbensehen, keine Entfernungsschätzung, kein Zielen, kein Fixieren, monocular sehend, breite Pupille, gutes Dämmerungssehen, breitflächig sehend
8. Gesichtsfeld:	binocular, frontal, zusammenhängend, Breite 180 bis 200°	für rechtes und linkes Auge je ein Gesichtsfeld, gesamte Breite ca. 300°

9. **Unterschiedliche** Vernetzung im Gehirn der Nervenfasern bei **Mensch** und **Pferd**
10. Akkommodation unterschiedlich zwischen Mensch und Pferd: gute Akkommodation, gutes Fern- und Nahesehen   schlechte Akkommodation, gutes Fern- und schlechtes Nahesehen

Schlußfolgerung

Für den Empfang eines scharfen Bildes müssen folgende Bedingungen beim Menschen erfüllt sein:

Wie liegen diese Verhältnisse beim Pferd?

1. binoculares Sehen
2. genügend Licht
3. Parallelstrahlen zur optischen Achse
4. enge Pupille
5. gute Akkommodation
6. nur foveales Sehen
7. ruhig gestellte Augen
8. ruhendes Ziel
9. fixieren sehr gut
10. richtige Entfernungseinschätzung
11. Training
12. binoculares Gesichtsfeld

13. hochgradige Beteiligung des Zentralnervensystems am „Sehen"

1. Nicht beim Pferd
2. vorhanden
3. nur von der Seite vorhanden
4. vorhanden
5. nicht beim Pferd
6. nicht beim Pferd
7. nicht beim Pferd
8. selten beim Pferd
9. nicht beim Pferd
10. nicht beim Pferd
11. ist unbedingt erforderlich
12. zwei monoculare Gesichtsfelder, dazwischen frontal toter Winkel
13. sehr geringe Beteiligung des Zentralnervensystems am „Sehen"

Diese aufgezählten Funktionen der Augen sind die Voraussetzung für den Empfang guter und scharfer Bilder. Ein großer, wichtiger Teil dieser Aufgaben kann vom Pferd nicht erfüllt werden. Darum muß das Auge des Reiters oder des Fahrers sehr aufmerksam sein beim Reiten oder Fahren, damit die anders arbeitende Funktion des Gesichtssinnes und die geringe Beteiligung des Zentralnervensystems beim Pferd vom Menschen ausgeglichen werden. So können Unfälle beim Reiten und Fahren vermieden werden!

Erklärung der Fremdwörter

Adaption	— Anpassung des Auges an die Lichtverhältnisse — Tag — Nacht
Akkommodation	— Anpassung der Linsenkrümmung an die Entfernung (sehscharf einstellen)
akustisch	— Schall über das Ohr empfangen
Area striata	— gestreifte Fläche im Sehzentrum
Area centralis	— zentrale Fläche quer über die Retina des Pferdes, gute Bildentstehung
Anatomie	— Lehre vom Bau des Körpers
Astigmatismus	— ungleiche Krümmung der Linsenoberfläche
absorbieren	— aufsaugen
autonom	— selbständig arbeitend
bioelektrische Ströme	— von lebender Zelle erzeugter elektrischer Strom
binocular	— zweiäugig
bipolar	— zweipolige Zelle in der Retina
Bulbus	— Augapfel
Cilien	— kleine Fasern (Haare)
Chiasma	— Nervenkreuzung
Cornea	— Hornhaut
Dioptrie	— Maßeinheit der Linsenbrechung
desakkommodiert	— nicht angepaßte Form
dorsal	— zum Rücken, nach oben
Emmetropie	— Normalsichtigkeit
Enzym	— Wirkstoff
Epithel	— oberste Zellschicht einer Haut oder Schleimhaut
Fovea	— Netzhautgrube, schärfstes Sehen in der Netzhaut
Foveola	— Netzhautgrübchen, noch schärferes Sehen
Ganglienzelle	— Nervenzelle, zwischen bipolaren Nervenzellen im Gehirn
histologisch	— mikroskopisch erkennbares Gewebebild
Hyperopie	— übersichtig, weitsichtig sehend
Iris	— Regenbogenhaut
identisch	— sich gleichend
Intensität	— Stärke, Heftigkeit
kaudal	— schwanzwärts

kompensieren	— ausgleichen
lateral	— seitlich
Lichtquant	— Lichteinheit, Lichtteilchen
Lichtrezeptoren	— Lichtaufnahmezellen
Lymphe	— klare Gewebsflüssigkeit
lineares	— linienförmig
Medien	— Materie, Substanzen
Membrana limitans-externa	— äußere Grenzschicht in der Retina (hier Bildentstehung)
Meridian	— Längengrad auf der Kugeloberfläche
monocular	— einäugig
Musculus ciliaris	— Muskel, der auf die Linse wirkt
medial	— mittlerer Teil, zur Mitte hin
Myopie	— Kurzsichtigkeit
Nervus-opticus	— Sehnerv, vom Auge bis zum Chiasma opticum
nasal	— zur Nase hin
Neuroepithel	— Nervenoberflächenschicht
Neuron	— Nervenzelle mit Nervenfaser
Neurit	— Nervenfaser
Neurotransmitter	— Überträgerstoffe in einer Nervenzelle
neural	— nervlich
Optik	— Lehre vom Licht
optische Achse	— Linie senkrecht auf der Hornhaut stehend, Sehachse
ora serrata	— Trennlinie zwischen dem sehenden und nicht sehenden Teil der Netzhaut (im Bereich des Augenäquators)
Orbitalhöhle	— Augenhöhle
Papilla optica	— Eintritt des Sehnerven ins Auge
Peripherie	— Umgebung, Randzone
Pigment	— schwarze Farbkörper
Photorezeptoren	— Lichtaufnahmezellen
Photonen	— kleinste Lichtteile, Lichtquanten
Physiologie	— Funktion der Organe des Körpers
Retina	— Netzhaut, innere Augenhaut
Rezeptoren	— Empfangszellen des Lichtes in der Retina
reflektieren	— zurückwerfen
Sclera	— äußere feste Haut des Augapfels
Sehepithel	— Zellschicht für die Lichtaufnahme in der Netzhaut

Sehpurpur	— Sehstoffe — Rhodopsin
Sensibilität	— Empfindung
Synapse	— Schaltapparat zwischen zwei Nervenzellen (Nervenfasern)
Tapetum lucidum	— leuchtende Fläche
temporal	— seitlich gelegen, zur Schläfe hin
Thrombose	— Aderverstopfung
Tractus opticus	— Nervenzug vom Chiasma zum Sehzentrum
Transformation	— Umformung
ventrolateral	— unten seitlich (bauchwärts)

Literaturverzeichnis

1. Mütze, Karl, A B C der Optik, herausgegeben im Auftrag des Instituts für Optik und Spektroskopie der Forschungsgemeinschaft der Deutschen Akademie der Wissenschaften zu Berlin von Karl Mütze, Verlag Werner Dasien, Hanau/Main . . .
2. Blendinger, Wilhelm, Psychologie und Verhaltensweise des Pferdes, 2. Auflage 1974, Verlag Erich Hoffmann, Heidenheim
3. Breuer, Dr., Hans, Physik für Mediziner und Naturwissenschaftler, Deutscher Taschenbuch Verlag Georg Thieme, Stuttgart 1928
4. Ellenberger, W. und Baum, H., Handbuch der vergleichenden Anatomie der Haustiere, 16. Auflage, 1926
5. Ellenberger, W. und Scheunert, Vergleichende Physiologie der Haussäugetiere, 3. Auflage 1925, Verlag P. Parey
6. Dithfurth v., Hoimar, Der Geist fiel nicht vom Himmel, Evolution unseres Bewußtseins, Verlag Hoffmann und Campe, 1976
7. Krebs, Wolf, Die Retina des Rindes, Verlag P. Parey, Berlin, 1982
8. Mächtle, Walter, Physik, die uns angeht, Verlagsgruppe Bertelsmann (herausgegeben von Rüdiger Proske.)
9. Lausch, Erwin, Manipulation, der Griff nach dem Gehirn, Deutsche Verlagsanstalt, Stuttgart, 1972
10. Lorenz, Konrad, Vergleichende Verhaltensforschung, Spinger Verlag, Wien, 1978
11. Schmidt, Vera, Prof. Dr., Augenkrankheiten der Haustiere, Verlag Ferdinand Enke, Stuttgart, 1973
12. Trotter, Jörg, Das Auge, ein Handbuch für Optiker, 7. Auflage, 1985, Optik-Verlag, Trimbach/Schweiz

13. Dorn, Physik, Ausgabe A, 4. Auflage, 1957, Hermann Schroedel Verlag KG, Hannover
14. Wittke, Günter — Pfeffer, Ernst, Physiologie der Haustiere, 2. völlig neubearbeitete Auflage, 1983, Pareys Studientexte
15. Frisby, John P., Sehen — aus dem Englischen übersetzt, Deutsche Buchgemeinschaft C. A., Koch's Verlag Nachf., Berlin-Darmstadt-Wien (ohne Angabe des Erscheinungsjahres)
16. Spectrum der Wissenschaft, 1986, Verlagsgesellschaft mbH., 6900 Heidelberg
17. Federic, Vester, „Denken, Lernen, Vergessen", Deutsche Verlagsanstalt, Stuttgart, 1975

Bilder aus dem Literaturverzeichnis
Bilder Nr. 4, 5, 13 eigene Anfertigung

Anschrift des Verfassers
Dr. Albert Remien, Hauptstraße 63, 2163 Freiburg/Elbe